NFT狂潮

進入元宇宙最關鍵的入口，擁抱千億商機的數位經濟革命

麥特・福特諾
屈哈里森・泰瑞
————著

許可欣 張明心
李立心 楊雅筑
————譯

Matt Fortnow
QuHarrison Terry

THE NFT HANDBOOK

How to Create,
Sell and Buy
Non-Fungible Tokens

目錄CONTENTS

推薦序
一本即將改變創作與內容產業的 NFT 聖經

肯德里克‧阮（Kendrick Nguyen）
群眾募資平台Republic執行長兼共同創辦人

　　偉大的藝術家專注於一件事：他們的創作。音樂家花費數月尋找完美的和聲或歌詞，建築師在建築計畫裡反覆說明最枝微的細節，畫家尋找最理想的地方落下最後一筆。但傑作一旦完成後，成功的藝術家必須想辦法將作品化成金錢，同時保護它們的著作權和未來價值。

　　這時中間人上場了。各式各樣的內容創作者，包括音樂家、Podcaster、畫家、作家、演員、導演和作曲家，經常被迫透過中間人和這個世界分享他們的創作。無論是藝廊、唱片行或音樂會贊助商，這些機構都承諾藝術家有能力將他們的作品換成金流，只要獲得適合比例的分潤——有時候甚至是藝術品的所有權。

　　不是所有的中間人都不好；雖然近年來，其中有些因和客戶私下交易而成為頭條新聞。泰勒‧斯威夫特（Taylor Swift）曾直言不諱地說出她在十幾歲時簽署的不平等合約，

以及她的音樂如何在她不知情或不同意的情況下被多次出售。像貓王和麥可・傑克遜（Michael Jackson）這樣的音樂家也曾與唱片公司不和。

近年來，像Spotify這樣的技術平台帶來一些去中間化的希望。然而，隨著平台的發展，藝術家發現他們的經濟效益沒有提高，而是降低了，難怪創作社群長久以來，都在尋找對珍貴創作資產重獲控制權及所有權的方法。

讓創作者找回主控權的NFT商機

NFT，這是個讓創作者完全繞過中間人的工具，理解如何利用NFT技術，能讓創作者取回主控權。乍看之下，NFT被隱藏在加密貨幣的術語裡，嚇退了沒有電腦背景的人，但其實它們很簡單。它們是讓藝術家在作品中嵌入一段代碼，如此就可以分享作品，不用擔心盜版，且能永遠安全地收到支持者和粉絲支付的費用。這讓他們能以更高的透明度重新控制他們的智慧財產權，同時追蹤和分配支付給創作者的版稅和銷售額。

NFT最珍貴之處在於，它們可以形成社群，並讓社群參與支持他們所信仰的東西。我在2000年到紐約參加我的第一場演唱會，欣賞我喜歡的U2樂團演唱，如果他們在那晚販賣NFT，我可能會持有一輩子都不賣。

　　想像一下，你是U2的前100名粉絲，或是你去一個地下室的演出，在下一個大衛・鮑伊（David Bowie）爆紅前買下他們歌曲的NFT，早期的支持者得到獎勵，藝術家得到報酬，社群也變得強大。現在很明顯的是，NFT不僅存在，它們也將徹底改變創作和內容產業。因此，對任何想以有意義的方式參與這個創意經濟的人而言，投資這個市場不再是非主流概念，而是一個核心策略。

　　作為一名致力於理解如何以符合規範的方式將資產證券化及貨幣化的律師，對那些理解NFT的人而言，它代表著一個巨大的機會。

　　2020年是加入NFT潮流的最佳時機，但第二好的時間點就是現在。因此我很高興屆哈里森・泰瑞和麥特・福特諾決定打造這套簡單的教學工具，為數百萬人打開在此創意領域謀生的可能性。這本書提供那些創作者一條控制自己命運的真正道路，在這場正在醞釀的革命裡，這本書很可能成為它的聖經。

　　我們需要一個有遠見的人才能看見未來，並理解如何讓未來成真，屆哈里森・泰瑞就是這個人。他也是一名商人，2014年便開始在網路上銷售數位藝術，也是第一手目睹這種知識可以帶來什麼樣的轉變。麥特・福特諾是網路革命的先鋒，早在1996年就創辦了他的第一家網路公司，他也了解最先進的技術。他們對NFT未來的共同經驗和信念有目共睹，

沒有其他人比他們更有資格寫這本書了。

　　Republic也是一家致力於揭開金融世界神祕面紗、讓人們有能力投資未來的公司，身為Republic的執行長和共同創辦人，我們已經習慣創新帶來的批評，我們一開始將傳統投資原則應用到加密貨幣上時，一些旁觀者都認為我們瘋了。然而我們一次又一次看到今日看似瘋狂的，明天就會變得正常（我們都希望在事情看似瘋狂且不受歡迎的時候投資）。NFT當然也是如此。

　　我等不及看到這本書及這門技術即將帶給我們的未來，它一定會到來，只待時間證明。

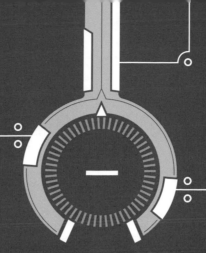

一

進入 NFT 的世界

許多人認為，Google在搜尋引擎市場算是姍姍來遲。成立於1998年的Google是第24個上市的搜尋引擎，那麼這個24號搜尋引擎現在如何了呢？

Google的共同創辦人賴利‧佩吉（Larry Page）和謝爾蓋‧布林（Sergey Brin），從一開始就致力於讓他們的搜尋引擎與眾不同，想創造出一款引人注目的產品，藉此賺錢是後來才想做的事。搜尋引擎的功能，就是讓人們的查詢能連結到他們想去的目的地，它是場理解使用者意圖的遊戲。他們想找到什麼？理想上，搜尋引擎第一次的搜尋結果就要能得到正確答案，否則就會迫使用戶花費更多力氣尋找他們想要的東西。

Google的革命性想法是「佩吉排序」（PageRank，又稱網頁排名），這種排名系統是依社會認同決定網頁的優先順序，連結到某一網頁的網域越多，在Google搜尋結果的排名就越高，因為來自其他使用者的社會認同，證明它是個有用的資源。Google的索引法與其他搜尋引擎形成鮮明對比，後者都是透過分析頁面內容的關鍵字密度來排名網頁。

有了這種對網頁內容進行排名的卓越理論支持，Google表現出比當時其他搜尋引擎都更好的實用性，也吸引了電腦業先驅的注意。甚至在Google成立前，它就從昇陽電腦（Sun Microsystems）共同創辦人安迪‧貝托爾斯海姆（Andy Bechtolsheim）那裡得到第一筆10萬美元的投資，而昇陽

電腦乃是電腦業界的傳奇。Google在1998年得到另外三個天使投資人注資，完成這次募資，包括亞馬遜創辦人傑夫‧貝佐斯（Jeff Bezos）、史丹佛大學電腦工程教授大衛‧薛瑞頓（David Cheriton）和企業家拉姆‧希瑞拉姆（Ram Shriram）。

佩吉和布林只是一對史丹佛大學畢業的聰明孩子，想要解決網路上的問題，他們極度專注於創造一個絕佳工具，帶給世界一個能理解用戶意圖的搜尋引擎，這個實用的功能也足以吸引某些科技巨頭的關注。兩年後，他們才納入AdWords，並開始利用流量賺錢。

超越投機的真正商機

在比較早期網路時代和早期的非同質化代幣（NFT）時，我們看到了很多相似之處。絕大多數的NFT除了投機投資外沒有其他用途——就像Ask Jeeves搜尋引擎和奇摩搜尋引擎一樣，只是加入搜尋引擎的行列，卻沒有真正的獨特之處。因為我們處於NFT的早期，這些目標不明的計畫也能獲取很多注意力，即使它們無用武之地。然而，隨著時間過去，我們看到人們越來越注重NFT的實用性——能夠解決問題，或是為使用者創造獨特性。那些缺乏用途的NFT計畫，在幾年後將會錯失真正的賺錢機會。

以無聊猿遊艇俱樂部（Bored Ape Yacht Club）為例，創辦人打造了1萬個無聊猿的NFT，作為進入網路俱樂部的會員卡，現在，這張會員卡能讓你進入數位浴室，每隔15分鐘就能拿起「筆」，在牆上畫畫、寫字或塗鴉。聽起來沒什麼了不起，但它是個獨特的體驗，他們開發出這個專為無聊猿NFT持有者保留的數位環境。是的，無聊猿本質上是收藏品，但他們所提供的權利和實用性，讓我們對這項計畫的未來感到興奮。

得到某物或做某事的權利，可能是NFT目前最重要的用途。換句話說，擁有一個NFT能讓你得到什麼？我們一定會看到，NFT的功能遠不止如此，尤其考慮到現在接觸NFT的人群多樣性，有這麼多有趣刺激的人，他們帶著各種點子齊聚一堂，共同合作創造神奇的體驗。

現在是時候與他人一起實驗、合作，別再單打獨鬥。這本書正是作者兩人在各自領域實驗NFT後，隨意漫談對話，並將之擴充的產物。

屈哈里森‧泰瑞（QuHarrison Terry）致力於販售全球嘻哈明星的連鎖NFT（Worldstar Hip-Hop Chain NFT），並為流行文化為主的NFT創造流通性；麥特‧福特諾（Matt Fortnow）創建了「三個臭皮匠」（Three Stooges）的官方NFT，並思考智慧財產權如何以NFT的形式存在。

我們倒退回早期網路1.0的時代：1995年。福特諾在

紐約市當娛樂業律師，卡內基·梅隆大學（Carnegie Mellon University）幾個兄弟會朋友邀請他一起創辦一間網路公司，他們成立了第一家網路體育遊戲公司Commissioner. com，後來在1999年賣給哥倫比亞廣播公司體育網（CBS SportsLine）。福特諾總是想開發新科技的用途，他在2015年涉足區塊鏈，2016年涉足虛擬實境（VR）和擴增實境（AR），2020年則是NFT，也是透過VR/AR，他認識了泰瑞。

泰瑞回憶道：

　　有天朋友打給我，他說我得和這個麥特·福特諾聊聊。當時是2021年3月，NFT炒作的早期高峰，所以我習慣每天和許多人聊各種NFT的想法。這場對話有了自己的生命，持續了幾個小時，我們只是重複討論NFT的銷售和流通性、IP代幣化和收益來源的可能性。對話結束時，我們說：「好，我們得寫本關於這方面的書。」這就是為何一個行銷人員和一名律師出身的企業家，跑來寫一本有關NFT的書，實際上這是一場分享NFT文化的偶然對話，我認為那就是這個空間的美妙之處，在任何新技術的前沿，就是兩個不同背景的人合作的最佳時機。

現在是加入NFT狂潮的最佳時機

你可能覺得自己太晚加入NFT，但其實你還處於早期階段，因為我們還沒看到這種技術的所有使用案例。舉例來說，最大的NFT交易平台OpenSea在2021年8月只有13萬名活躍用戶，但全球有超過40億人上網，我們離NFT的高峰還非常遠。

如果佩吉和布林在1998年認為他們太晚加入網路，我們今日也不會有最有效且直覺的搜尋引擎。他們看見了正在興起的網路科技，建立了讓它運作得更好的理論，這也是我們今日在NFT的處境。

將這本書中的資訊當作你NFT旅程的起點，我們會帶你了解NFT的歷史、創建及收集NFT的基礎，以及行銷NFT等知識。有許多人在談論NFT，他們會分享想法、策略及概念，你可以利用這本書當作起點，學習更多讓你感興趣的NFT知識。

你可以根據你在本書學到的知識，開始與NFT生態系的人產生連結，在推特、Clubhouse、Discord、Instagram或其他網路平台都有許多NFT社群，他們和你一樣，都想找到相互聯絡和學習的人。在NFT生命周期的這個階段，需要溝通、實驗和合作，歸根究柢，在NFT的規範裡，我們還不知道現今看到的NFT計畫會傾向Infoseck（最早的搜尋

引擎，今日已不存在）還是Google（後來加入卻創造出卓越的產品，甚至仍在日益壯大）。

我們也建立了網站TheNFThandbook.com，上面提供了許多資源和連結。因為NFT空間正持續演進，網站也會持續更新。

在我們繼續之前，你的第一個問題可能會是：「什麼是NFT？」

TheNFThandbook.com

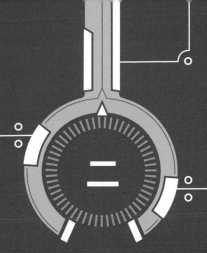

二

全面解讀

NFT

NFT最基本的形式，是由區塊鏈保障的數位收藏品，且它是獨一無二的，但在你開始了解NFT之前，你必須知道這些收藏品的原理。或許風格多樣的豆豆娃（Beanie Babies），可以說明收藏背後這種無規則可循的奇妙心理。

洞悉人類的收藏心理

從郵票、內戰時期的武器到運動鞋，人們以各種形式收集不同的物品，那麼，出現數位形式的收藏品市場也就不足為奇了。從概念上來說，這令人困惑；但是，純粹就想要擁有別人沒有的獨特物品而言，數位收藏品和實體收藏品的差異不大。因此，若要理解人們為何收集NFT，我們可以用1990年代風靡全球的實體收藏品做比較：豆豆娃。

自1993年豆豆娃上市以來，創始人泰‧沃納（Ty Warner）就將稀缺性的特質融入他的產品，這些絨毛玩具只分配給少量的小零售商，避開了連鎖零售商和大訂單。沃納不希望人們能找到或買到他們想要的每個豆豆娃。

公司對市場上豆豆娃的數量保密，某些豆豆娃還會「退休」以創造更多獨占性，公司還故意讓出現印刷錯誤或瑕疵的豆豆娃流入市場，讓它們成為特別罕見的版本。

大約在豆豆娃引起大眾注意的同時，eBay出現了，它將自己定位成買賣全球收藏品的線上市場。它們相輔相成，提

高了豆豆娃的轉售價值，也證明對投機者而言，eBay 在所有收藏品市場都是個重要的工具。

那些有幸用 5 美元買到退休絨毛玩具的人，在 eBay 上架至少可以賺到二至三倍的利潤。有些更罕見的印刷錯誤，例如「龍蝦鉗」印成「龍蝦甘」的娃娃，可能會讓收藏家得到 1 萬美元以上的利潤。

1990 年代末，豆豆娃的熱潮如火如荼，為了得到這些絨毛玩具還引發了搶劫，甚至是命案。例如，1999 年在西維吉尼亞州的賀曼商店（Hallmark store），因為豆豆娃延遲出貨，導致局勢緊張，一名警衛因此被槍殺。

頭腦清醒的成年人也到處尋找機會，想得到一個能改變人生的豆豆娃，一對離婚夫婦會為豆豆娃收藏品爭論不休，因為他們相信它是最珍貴的資產，必須兩個人平分。

然後在 1997 年，麥當勞和沃納的公司共同掀起了一股熱潮，他們在麥當勞的快樂兒童餐共同推出了 Teenie Beanies 系列，短短十天內就賣出了一億隻迷你絨毛玩具。

像《瑪麗・貝絲的豆豆世界》（*Mary Beth's Beanie World*）這樣的雜誌，最高一個月能賣出 65 萬本，內容討論豆豆娃的所有產品，討論它們作為投機投資的價值，如果策略得當，收益足以讓一個小孩上大學。

正當豆豆娃看似能成為持續幾十年的收藏品時，它卻轟然崩塌了。對娃娃估價過高的言論，引發大量豆豆娃囤積者

23

在eBay上架出售，造成嚴重的供給過剩，進而使豆豆娃的價格暴跌。

似乎在一夜之間，豆豆娃的收藏價值變得幾乎一文不值。克里斯·羅賓森（Chris Robinson Sr.）花了十多萬美元投機性投資豆豆娃，他成為這個收藏品市場慘敗的象徵。

《金融時報》（*Financial Times*）恰如其分地將豆豆娃稱為「1990年代後半足球媽媽世界的網路股票」。引用這件事，並不是說NFT注定和豆豆娃面臨同樣的命運，相反地，豆豆娃提供一個絕佳的視角，了解人們為何收集事物。

驅使人們收集豆豆娃的基本原則，也驅使人們收集NFT——那就是稀缺性。雖然還有其他驅使人收藏的因素，例如投資、投機、情感連結、錯失恐懼（FOMO）及「見獵心喜」，但收藏的核心依然是稀缺性。不管我們收藏什麼，都是因為那些東西的數量有限。

NFT市場會崩潰嗎？凡事皆有可能，但和豆豆娃不同，NFT為困擾藝術品和收藏品市場的問題提供了解決方法，這一點我們在第三章會再討論。

既然我們已經解答了人們收藏實體或數位收藏品的原因，我們就來深入討論本書主題：NFT。

NFT究竟是什麼？

　　NFT通常被認為是一種特殊類型的數位收藏品，例如麥克‧溫克爾曼（Mike Winkelmann，又稱Beeple）的數位藝術、羅布‧格隆考夫斯基（Rob Gronkowski）的數位收藏卡、《周六夜現場》（*Saturday Night Live*）的短影片、「三個臭皮匠」裡有著可解鎖運勢解析的「算命柯利」照片，或是一張謎戀貓。但NFT到底是什麼？

　　NFT是由區塊鏈驗證和保護的獨特物品，可確保任何特定物品出處、所有權及獨特性（稀缺性）的真實性。讓我們拆解「非同質化代幣」這個詞，並逐一解釋。

代幣

　　我們先從代幣（token）這個詞開始。根據Dictionary.com的說法，代幣的其中一個定義是「遺物、紀念品、小紀念品」。大家都知道NFT是數位收藏品，所以有人可能認為「非同質化代幣」的「代幣」，就是從這些定義中衍生出來的，雖然它可能（在某些情況下）適用這些定義，但NFT代幣卻有著截然不同的來源：區塊鏈。

　　你們有些人可能會擔心：「喔，不，要開始講技術了，我只想知道NFT是什麼啊！」為了完全了解NFT是什麼，你還是得了解一點區塊鏈。我們保證不會把事情弄得太複雜。

25

你可能聽說過比特幣（Bitcoin）或其他加密貨幣。根據網站Investopedia，加幣貨幣是「由密碼學保護的數位或虛擬貨幣」。你只要知道加密貨幣是存在於網路上的數位貨幣，你可以為了投資目的買賣，用它們買東西，甚至質押（借出貨幣以賺取利息）。

每當有人交易加密貨幣，無論是買賣、轉讓、質押，或用加密貨幣購買某物，都必須驗證那筆交易。驗證過程決定於發送方是否有足夠的加密貨幣，這就是加密貨幣安全可靠的原因。

以比特幣為例，加密貨幣的驗證是在一組交易中進行，而不是一筆交易。這組交易稱為區塊（block），每個區塊有一定的儲存量，在這個區塊填入了資料且交易被確認之後，交易區塊會被連結到前一個已驗證的區塊，創造了持續成長的區塊鏈。這個過程不斷重複，使得區塊鏈變得越來越長（圖2.1）。

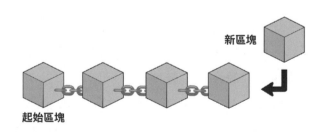

新區塊

起始區塊

圖2.1　區塊鏈

因此，加密貨幣的區塊鏈是該貨幣所有交易（每一筆）的清單，可一路追溯至加密貨幣上市時。

每當有人買賣比特幣、用比特幣買東西、交換比特幣或轉讓比特幣時，交易都會被列入比特幣區塊鏈。2021年1月，比特幣的每日交易量約為40萬美元，而以太幣（Ether，第二大加密貨幣）每日處理量超過110萬次（資料來源Statista.com）。你可以把區塊鏈想像成一本超厚的會計帳簿。

貨幣與代幣

談到某種加密貨幣時，人們經常互換使用「貨幣」和「代幣」這兩個詞，但這是錯誤的，因為這兩者有重要的差異。

加密貨幣是「貨幣」，例如比特幣、以太幣、萊特幣（Litecoin）、狗狗幣（Dogecoin），它們都有各自的區塊鏈。

相反地，「代幣」是沒有區塊鏈的加密貨幣，代幣利用另一種貨幣的區塊鏈。舉例來說，GameCredits (GAME) 和壽司幣（SUSHI）是上千個使用以太鏈的代幣中的兩者。存在於以太鏈上的加密貨幣代幣被稱為ERC20代幣，ERC20是用於創造加密貨幣代幣的以太坊標準。

GameCredits是個有趣的案例，因為它一開始有自己的區塊鏈，但為了利用以太坊更好的性能，它轉變成ERC20的代幣。因此，現在所有GameCredits的交易（及所有ERC20代

幣的交易）都被記錄在以太鏈上，這也是以太鏈每天有那麼多交易量的原因。

所以，NFT的代幣是一種加密貨幣代幣，NFT存在於區塊鏈上。目前，大多數NFT都是在以太鏈上創建和運行的，其他NFT則是在WAX、幣安智能鏈（Binance Smart Chain）或其他區塊鏈上。

非同質化

那麼，我們已經解釋完代幣，現在我們來說說非同質化。同質化是什麼意思？根據Dictionary.com，同質化是形容詞，意思是：「（特別是指商品）屬於某種性質或種類，可以全部或部分自由地交換或替換為另一個類似性質或種類。」我們用一些例子說明。

美元是可以同質化的。如果我們給你一張5美元的鈔票，你給我們五張1美元的鈔票，這筆交易價值是相等的，你給我們哪張鈔票並不重要。假設你有一疊1美元的鈔票，你可以給我們其中五張，都沒有關係，你甚至可以轉給我們5美元，事實上美元是完全可以互換的。

同樣地，加密貨幣也是可以同質化的。如果你送我們一顆比特幣，我們不在乎它來自哪個錢包；比特幣就是比特幣，就像1美元就是1美元。

即使像石油桶這樣的商品（如前面定義所指出的），也都

被視為是同質化的，你給我哪個石油桶都可以，任何一桶同等級的石油都可以。

以前面的定義而言，非同質化物品很顯然就是指，它不能由相似的物品交換或替代。舉例來說，鑽石是不可替代的，每個鑽石都有獨一無二的尺寸、顏色、透明度和切工。如果你買了顆特殊的鑽石，它無法輕易與另一顆鑽石互換。

同樣地，NFT 也是非同質化的。每個 NFT 都是獨特的，你無法用另一個 NFT 自由交換或替代。

但 NFT 為什麼獨特？畢竟，從網路上下載、複製、分享圖像不是很容易嗎？是的，但你可以拍張照片（或創造一張圖像），然後將這張圖「鑄造」成區塊鏈上的代幣。鑄造這個字，就像在鑄造一個實體的硬幣。

加密貨幣和代幣被創建之後，就是被鑄造出來了。一般來說，有上百萬、甚至數十億的貨幣或代幣，被挖礦或被鑄造成一種特定的加密貨幣。加密貨幣具有一定的流通供應量、鑄造的貨幣或代幣量和可被鑄造的貨幣總數，最大供應值被寫入加密貨幣的原始碼中，無法更改。

與此相對的是美元這種法定貨幣，它會因為印刷更多美元而出現通貨膨脹，假設對美元的需求未變，美元印得越多，每一美元的價值就會下降，因此，美元或其他法定貨幣都沒有最大供應量。

比特幣的最大供應量是 2,100 萬顆，而以 ERC20 代幣

Uniswap (UNI) 為例，它的最大供應量是10億顆。每個NFT都像是一個加密貨幣，但NFT的最大供應量就是1，所以NFT才顯得獨特且不可取代；它們無法被相似種類替換，因為沒有所謂的相似種類。將NFT想像成一幅原畫：它就是唯一的一幅。繪畫或印刷可能有很多幅，但只有一幅是原版。

即使我們剛剛才說NFT的最大供應量是1，還是有可能鑄造一個以上的NFT。舉例來說，你可以鑄造100份同樣的NFT，技術上來說，那就是100個代幣的其中一個NFT。每個代幣都可以用同樣NFT的代幣交換，因為它們的每個特點都是相同的。雖然這種多代幣NFT也被視為NFT，但在技術上我們無法稱它們為NFT，因為它們是可以互換的，儘管有限制供應量，但它們還是可互換的。

我們需要區分多代幣NFT和特殊設計的限定版NFT。舉例來說，格隆考夫斯基發行四個系列的NFT，每個系列都代表一場足球錦標賽，每個系列有87版（他的球衣號碼），每個NFT上都有號碼，從1到87號。類似的例子是，三個臭皮匠的NFT系列「臭皮匠全員」（All Stooge Team），也有30版擁有獨立標誌的NFT。該系列第19號請見圖2.2。

圖2.2　三個臭皮匠「臭皮匠全員」NFT，#19 of 30

　　圖2.2的NFT儘管只是系列中30版裡的其中一個，它仍是一個獨特的代幣，供應量只有一個，這確實使它成為一個NFT。格隆考夫斯基的每個NFT也都是獨一無二的。

　　這種限量版、有單獨標記的NFT，就像是同樣有單獨序號的印刷畫作，而多代幣NFT就像是用模子做成的雕像，鑄造出有限數量的雕像後，模子便會損毀，每個雕像都是原版，但和其他雕像都是同一個模子印出來的。如果每個雕像標上序號，讓它成為獨一無二的，那麼這個類比就不再適用。

　　版本號碼可以有不同的價值。就實體藝術版畫而言，第一版通常會被賦予最高的價值，例如500張裡的第一張。然

而，對NFT來說，決定每個版本價值的因素可以有很多種。以NBA Top Shot的NFT為例，版本編號若等於球員的球衣編號，那個特殊的NFT會是最有價值的版本。對雷霸龍‧詹姆斯（LeBron James）而言，23號版本通常最有價值；盧卡‧唐西奇（Luka Doncic）是77號，凱里‧厄文（Kyrie Irving）是11號。如果沒有這種價值因素，最高價就可能和藝術版畫一樣落在第一版。

此外，請注意格隆考夫斯基和三個臭皮匠的NFT中，每個單獨編號的NFT都必須單獨鑄造。在多代幣NFT的情況下，該NFT的所有代幣都是在同一次鑄造中創建的。

NFT的七大種類

一般來說，如果談到NFT，你會想到數位藝術和收藏品。這類NFT得到媒體的關注，尤其是價格高昂的時候。但還有其他幾種受歡迎的NFT，我們將在以下一一介紹。

數位藝術及收藏品

數位藝術是相對較新的藝術形式，起源於1950年代，當電腦在1980和1990年代變得無處不在時，這種媒介也因此爆發。藝術家用電腦或智慧型手機等數位工具創造他們的藝術品，而且它們的數位本質就在於這個媒介本身。這些藝術

只以數位格式存在。當然，影像可以列印出來，但真正的數位藝術應該要保持數位化。

數位收藏品和數位藝術相似，它們都是以數位方式創造，並希望保持數位形式。然而，收藏品通常有一個特定的流行主題，格隆考夫斯基的數位收藏卡NFT和三個臭皮匠的NFT就是例子。當然，這些收藏品含有大量的藝術創意，它們本身就是數位藝術品，例如格隆考夫斯基的NFT由布萊克‧馬德雷（Black Madre）繪製插圖，由格隆考夫斯基提供創意方向；有些三個臭皮匠的NFT是由藝術家派翠克‧謝亞（Patrick Shea）創作。

但是除了數位藝術品外，NFT的收藏價值在於它與格隆考夫斯基或三個臭皮匠之間的關聯。數位收藏品和足球卡等真正的收藏品一樣，只是它以數位格式存在。請注意，數位收藏品本身不一定是數位藝術，它也可能只是數位化的照片。

數位藝術或收藏品也可能是現有的非數位素材，加上數位藝術元素。例如，名為「那是我的比特幣！」（That's My Bitcoin!）的三個臭皮匠NFT，就是用現有的照片，加上數位合成的比特幣（圖2.3）。這個例子恰好讓人一目了然，因為照片拍攝和比特幣問世的時間顯然不同，但有時候就沒那麼明顯了。

圖2.3　三個臭皮匠「那是我的比特幣！」NFT

一般來說，數位藝術或收藏品NFT可能有以下幾種形式：

・圖片
・影片
・GIF動畫
・音檔
・3D模型
・書和散文

一、圖片：許多NFT只是圖片，例如加密龐克（CryptoPunks）或 Beeple 的創作。圖片可能包含任一種類的照片，無論是用數位相機拍攝，或是將照片數位化。當然，圖片也可能是藝術的原創作品，或是像之前討論到的，它可能是兩者的結合。這是絕對不會動的靜止照片。

做成NFT時，沒有圖片尺寸或解析度的限制，雖然有些NFT商城會限制鑄造的檔案大小。一般來說，作者希望提供高解析度的圖片，讓它們可以在大螢幕上播放。

圖片可以是點陣圖，也可以是向量圖。點陣圖常見的是JPG檔和PNG檔，這些圖片是由小方塊（像素）組成的，所以點陣圖的問題在於放大後圖片品質會降低。另一方面，像SVG檔等向量圖，利用數學公式在不同點之間拉出直線和曲線（向量路徑），這麼做的好處是圖片可以放大到任何尺寸，也不會損及畫質，向量圖檔案一般也較小。點陣圖的好處是它們能有更多顏色深度，每個像素可能是數百萬種顏色中的一種，所以是照片的理想選擇。

二、影片：影片是另一種常見的NFT型式。NBA Top Shot NFT中有NBA歷史上的精彩鏡頭，銷售量已達5億美元，而且不出所料，雷霸龍・詹姆斯的NFT是最受歡迎的。

影片也不限於真實的影片片段，還有越來越常見的數位藝術形式。例如格隆考夫斯基的收藏卡就不是靜態圖片，而是影片，它們還設計了很酷的特效。格隆考夫斯基的藝術品

不僅能從側面進入卡片，卡片還會翻過來展示背面更詳細的訊息，例如版本號碼和格隆考夫斯基的足球成績統計數字。

雖然大多數影片格式不會自動重播，但像OpenSea等網站會自動重播影片。正因如此，影片的最後一幀經常會設計成與第一幀對齊，讓它能無縫接軌。例如尚恩・曼德思（Sean Mendes）的NFT就是一個卡通化的曼德思在不斷旋轉。在某些影片中，最後一幀沒和第一幀對齊，影像會突然回到開頭，這可能會產生輕微的不和諧感，所以在打造影片或GIF動畫時，最好能讓它無縫循環。

然而，在處理原本就不打算無縫循環的真實影片時，影片中的角色看來會像跳回原本的位置，這不一定不好，但至少對我們來說，無縫循環更有美感。這樣的例子可見三個臭皮匠的「法庭上的混亂」（Disorder in the Court）NFT，柯利「鐵定」用一種奇怪的方法準備站上證人席，只是在處理老舊影片時，除了找出一個結束畫面和開始畫面相去不遠的短場景，也沒什麼辦法。圖2.4即是「法庭上的混亂」第一幀和最後一幀畫面。

人們可以透過在影片開頭或結尾加入簡短的介紹或轉場畫面，來克服這種影響。

圖2.4　三個臭皮匠「法庭上的混亂」NFT第一幀及最後一幀畫面

三、GIF動畫：GIF是一種特定的檔案格式，經常用於製作簡短且自動重複播放的影片，GIF是圖片交換格式，也支援靜止圖片。事實上，GIF一開始是為了靜止圖片開發的，但因為多張圖片可以存於同一個GIF檔，它就成了理想的短影片或動畫格式。有些人稱GIF的影片或動畫是GIF動畫，但對我們（還有大多數人）來說，即使GIF可以是靜止圖片，稱GIF為GIF動畫也是多餘的，如果它不會動，那就沒有理由用GIF檔。

相對於標準的影片格式，GIF的優勢在於它們會自動重複，不需要播放鍵。在像OpenSea這樣的網站上，標準的NFT影片（例如MP4格式的NFT）會自動重複播放，不過那只是在NFT的頁面上。如果你進入收藏頁面，就會看到NFT的預覽畫面，上面有個播放鍵，你必須按下播放鍵才能在收藏頁面觀看影片。

　　但GIF檔是自動播放的，無論在預覽頁面或NFT頁面，都能看到它在重複播放。收藏頁面上的GIF沒有播放鍵。事實上，GIF沒有播放鍵，因為它本質上就能自動重播。

　　GIF還是有些缺點，因為它是較舊的技術，其中一個缺點在於它受限於256種顏色，這對大多數動畫來說可能不明顯，或是不會成為問題，但若是你將高畫質影片轉為GIF就值得注意了。如果影片品質和NFT的解析度很重要，那最好使用影片格式。還要注意的是，GIF沒有聲音。

　　GIF也比MP4等標準影片檔案大得多，這主要是因為GIF的壓縮演算法效率較低，所以在打造GIF時，可能需要減少圖片或影像的面數，或是減少幀速率（每秒的幀數或圖片數）。減少影片的時間長度也有幫助，這也是GIF檔通常是短影片或短動畫的原因，它們通常都只有數秒。

　　這就帶出了如何創建GIF的問題。有一些軟體可以創建GIF，也有影片軟體可以將你的創作輸出為GIF檔，還有一些線上的GIF轉換器，能將大多數標準影片檔轉為GIF檔。但必須注意的是，當你想將創作上傳到網路，而使用了任何一種線上轉換器時，你無法知道最終的結果會是什麼。如果你要使用這種服務，請確認它的評價夠好。

　　有關GIF，還要提醒最後一句話：它們很好，很適合做成NFT，但一般來說只適合短動畫，無論是數位藝術或收藏品。

四、音檔：是的，你可以做一個音檔NFT。里昂王族（Kings of Leon）是第一個發行NFT專輯的流行樂隊，它創造了超過200萬美元的銷售額。除了偉大的藝術家外，獨立音樂家也發現音檔NFT或其他種類的NFT是個很好的方式，不僅可以銷售他們的音樂，也能動員粉絲或擴大粉絲基礎。

我們建議可以的話，使用WAV檔製作NFT，而不是MP3。WAV檔是未壓縮的檔案，MP3是壓縮過的檔案，所以WAV檔的音質比MP3好。

在某些NFT商城，像是OpenSea，你需要為音檔設置預覽圖（或動畫），它可以是專輯封面、其他圖片或GIF檔。

五、3D模型：3D模型是特定現實世界、概念物體或藝術設計的3D展示。3D模型是數種產業中不可或缺的元素，包括VR/AR、電動、電影、建築、醫療和其他科學成像等。3D建模也越來越受數位藝術家的歡迎。

3D模型可以用VR或AR眼鏡觀看，它們也可以呈現於2D螢幕上，用電腦滑鼠（智慧型手機或平板就用手指）「抓住」模型，朝各個方向旋轉移動，也可以放大縮小，你也可以用3D印表機印出一個實體的模型。

有些商城可以製作3D模型的NFT，例如OpenSea。VeVe這個App則是專賣3D模型NFT的商城。

六、書和散文：NFT的內容可以是文字，例如一首詩、一篇短文，甚至是一整本書。書或散文的NFT不多，不過一定

有一些。所以,如果你在尋找另一種寫作賺錢的途徑,NFT可能也是一種方式。

遊戲內的物品

目前全球約有28.1億電玩玩家,預計到2023年數字將成長至30億人,在世界人口中占很大比例。

在眾多受歡迎的遊戲中,例如「絕對武力:全球攻勢」(Counter-Strike: Global Offensive,CS:GO)和Dota 2,遊戲中的物品,包括武器、盔甲和皮膚(覆蓋武器或其他裝備的設計),都可以當作遊戲內物品販賣。

所以,如果你想快速獲得裝備,而不是在遊戲裡花上好幾個小時獲得裝備,你可以直接花錢購買。許多玩家希望在遊戲中能擁有更強的火力或其他優勢,而且他們不想等,遊戲開發商便從這些物品獲得巨大的利潤,因為它們只是電腦代碼罷了。根據熱門遊戲「眾神解脫」(Gods Unchained)的網站數據,2018年玩家在遊戲內物品上花費了870億美元。

玩家經常在某個遊戲的遊戲過程中累積多種物品,但有時候,玩家想換到另一個遊戲,尋找下一場有趣的體驗,這時候玩家可能會被他們購買的遊戲內物品套牢(有時候數量相對較大);後來,遊戲內物品市場開始出現,玩家可以賣出他們不再需要的物品,給想要裝備且正尋找合理價格的新

玩家，而且有些物品可能很稀少，在遊戲裡也買不到了。根據不同的報告指出，有些人可能會為一個罕見的CS:GO皮膚花費10萬到15萬美元。

「擁有」這些遊戲內物品的問題在於，它們受限於遊戲開發商的想法。如果玩家數下降，開發商可能不再支援這款遊戲，讓你的物品變得一文不值；或者如果你為罕見物品花了一大筆錢，然後開發商又創造出上千萬件呢？如果你被禁止遊戲了呢？也有些遊戲不允許買賣遊戲內物品，如果被發現，就有可能被禁。還有，它和許多產業一樣，遊戲內物品的次級市場可能充斥著詐騙。

一些遊戲開發商現在已經開始創建遊戲內物品的NFT。例如，遊戲公司Animoca Brands發行的F1 Delta Time，遊戲內物品就是NFT（圖2.5）。玩家必須擁有車子、駕駛和輪胎的NFT才能比賽，遊戲中的NFT還有駕駛的裝備，如安全帽、衣服、鞋子和手套，也可以強化你的車子，例如前後翼、變速箱、懸吊系統和剎車。

NFT包含每個裝備的屬性和功能提升效果，例如特定的零件會影響車子的加速、抓地力和最高速度。且因為它們是NFT，物品的所有權和真實性由區塊鏈驗證。

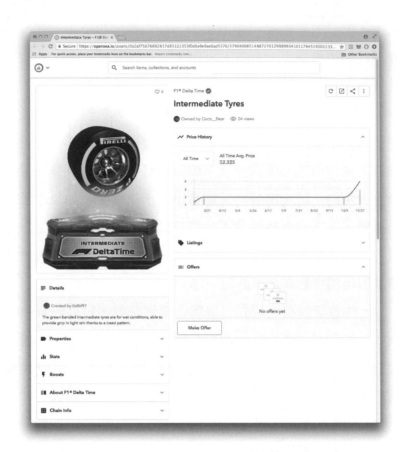

圖2.5　在OpenSea上銷售的F1 Delta Time「中性胎」NFT

數位收藏卡（Digital Trading Cards）

　　想到收藏卡，你或許會想到棒球卡或其他成套的卡，可能還附帶一個泡泡糖。至少我是這麼想的。

　　另一種常見的收藏卡是熱門遊戲裡可收藏的數位收藏卡，例如「魔法風雲會」（Magic: The Gathering）。魔法風雲

會有多受歡迎？根據維基百科的資料，它的玩家超過3,500萬人，2008年到2016年製造了超過200億張魔法卡，這些卡片是實體的，在遊戲中代表不同類型的能量或咒語，魔法卡多在eBay這樣的網站上交易。

你或許聽過一家早期的比特幣交易所Mt. Gox，它因為被駭客攻擊而臭名昭著。它一開始原本是交換魔法卡的網站，Mt. Gox的名字即是由「魔法風雲會」線上交易所的英文首字字母而來（Magic: The Gathering Online eXchange）。

數位收藏卡遊戲的下一個發展來到線上世界。一個常見的例子是暴雪娛樂（Blizzard Entertainment）的「爐石戰記」（Hearthstone）。根據維基百科，截至2018年，「爐石戰記」累積了超過一億名玩家，從技術上來說，雖然「爐石戰記」和「魔法風雲會」相似，都是用卡片進行遊戲，但它不是收藏卡遊戲，因為它的卡片不能交換。儘管玩家要求，暴雪娛樂也沒有增加這項功能，這可能是「爐石戰記」的熱門程度逐漸降低的原因，至少是原因之一。因此，這就是NFT收藏卡興起的原因，尤其是像「魔法風雲會」和「爐石戰記」這類遊戲中的可收藏數位卡片。

另一個常見的例子是「眾神解脫」，你在遊戲裡賺取或購買的卡片，都是在以太坊上鑄造的NFT，它們可以用在遊戲中，也可以在NFT市場上買賣。它們作為NFT，代表玩家真正擁有他們的卡片，他們可以隨心所欲地處置它們。「眾

神解脫」的網站誇口說：「如果你不能買賣你的物品，就不算擁有他們。」

數位地產

　　和遊戲內物品相似，數位地產（或稱虛擬地產）也可以作為NFT出售。數位地產讓人感覺有點矛盾，因為它不是真實的，它只存在於虛擬環境中，但就虛擬環境而言，它是屬於不動產的土地或土地上建物，可以擁有真實世界的價值。

　　像Decentraland這樣的虛擬世界是模擬真實世界的線上環境，大量的使用者利用數位分身（可由用戶設定外觀）探索這個世界並進行互動。和現實世界的居民一樣，虛擬世界的人們也想在虛擬世界買塊好地定居下來，或者，投機者可能會買下幾塊地，希望未來能轉手獲利。

　　《路透社》（*Reuters*）報導指出：「Decentraland的總銷售額超過5,000萬美元，包括土地、數位分身、用戶名稱和虛擬服裝等可穿戴設備。2021年4月11日，一塊面積為41,216虛擬平方公尺的土地以57.2萬美元的價格售出，創下該平台的紀錄。」

　　NFT很適合用來銷售和轉讓虛擬土地，土地的所有權和真實性都有區塊鏈驗證。The Sandbox也是一種所有資產及土地都是NFT的虛擬世界，它有內建的商城，但NFT的優點之一是它們可以在任何NFT商城交易，例如OpenSea。事

實上，The Sandbox甚至在OpenSea的虛擬土地分類中有自己的系列。

　　就像不動產契約上會有調查後的財產說明，數位地產的NFT也會指明它在虛擬世界中的土地位置；不動產契約的轉讓通常會記錄在當地書記官的辦公室裡，數位地產NFT的轉移則記錄在區塊鏈上。

　　這是真的數位地產嗎？是的，因為虛擬世界非常流行。光是「要塞英雄」（Fortnite）就有超過3.5億個註冊用戶，雖然你還不能在「要塞英雄」上買土地，但The Sandbox虛擬世界已經賣出超過7.6萬筆「土地」NFT，總價值為2,000萬美元。隨著VR應用增加，虛擬土地的需求也會增加，尤其是在元宇宙出現後，也就是像《一級玩家》（*Ready Player One*）裡綠洲那樣巨大的共享虛擬空間。然而，要花真實世界的錢，不必等到那時候，在2021年3月，一棟虛擬房屋NFT即以50萬美元的價格售出。

網域名稱

　　OpenSea有一區專為網域名稱而開。區塊鏈的域名是很好的NFT，但我們這裡要做一個重要的區分：我們討論的是區塊鏈的域名，不是一般網路的普通域名。

　　我們每天都用帶有.com、.net、.org、.tv等後綴的域名，透過網路連到不同的網站，這些常見的域名後綴也稱為頂級

域名（TLD），它們都由一個中心化的權威機構管理和監督：網際網路名稱與數字位址分配機構（ICANN），它是私人的非營利機構，為全球域名系統（DNS）制定政策，並追蹤域名的擁有者。

區塊鏈的域名並非ICANN的一部分，它由區塊鏈決定，正如加密貨幣和NFT的所有權也是由區塊鏈決定的一樣。同樣地，區塊鏈的域名也保存在加密貨幣的錢包中，我們在第六章會再深入介紹加密貨幣錢包。本質上，區塊鏈域名是區塊鏈資產，所以它是個NFT。

區塊鏈的域名也有後綴，例如 .crypto 和 .eth，但它通常不是用來連結到網站，而是用來簡化加密貨幣支付，加密貨幣地址是一長串隨機的數字和字母（第六章會詳細介紹），這串地址也可以稱為你的公有位址或公鑰，與之相對的是你保護加密貨幣錢包的私鑰。第六章再來詳細討論這一點。

比特幣地址通常有34個字符，例如18ZW9AQGdsYcCUYrrp1NDrtjAnTnTX4zRG。一個以太坊的地址有42個字符，例如0x969Bbaa8473180D39E1dB76b75bC89136d90BD84。如果有 .crypto 的域名，你可以將域名連結到你的加密貨幣地址，例如，你的域名是 example.crypto，這樣一來，只要做好設定，就可以用這個域名代替那一長串字符，接收比特幣、以太幣或其他加密貨幣。如果有人問你地址，你只要把域名傳給他們，加密貨幣就會傳到你連結的加密貨幣地址。有個

缺點是，如果有人拼錯你的域名，你便收不到他傳的加密貨幣，最終可能跑到別人的錢包裡。

雖然目前還不常見，區塊鏈的域名也可能是像一般頂級域名那樣的網址。域名的解析不會通過ICANN控制的域名系統，而是通過其他路由器。如此一來，區塊鏈的域名網站就不會受到中央政府的潛在審查。大多數瀏覽器僅支援DNS域名，不過有些瀏覽器的擴充功能可以讓瀏覽器解讀區塊鏈的域名。在（不久的？）未來，就不再需要安裝擴充功能了。

區塊鏈域名的優勢在於它是NFT，只要付一次錢就是你的了，註冊一般頂級域名卻得繳年費，如果你因任何原因沒繳錢，就會失去你的域名。區塊鏈的域名沒有續訂費──它完全是你的了。

買賣常規頂級域名已經持續了幾十年，對投機者來說是一筆大生意，早期的網路用戶抓住常見的文字域名，像是hotels.com，並從中獲利頗豐。在2001年，hotels.com以1,100萬美元售出，最近，2019年voice.com以3,000萬美元售出。

區塊鏈域名目前處於早期採用階段，還不像常規頂級域名那樣成為主流，然而，NFT的區塊鏈域名市場已經開始升溫，一個域名win.crypto的NFT以10萬美元售出。這裡還有許多機會可以搶占常見字的區塊鏈域名，隨著區塊鏈域名越來越普級，它的價值可能會增加。當然，不能保證這需要多長時間，或是這種廣泛採用會不會發生，所以才稱之為投機。

活動票券

過去參加活動都需要實體票券才能進入，雖然實體票仍被廣泛使用，但現在越來越多票券改採數位方式，即使有些數位票券可能只是印出手機裡的條碼，當實體票使用，像Eventbrite這樣的數位票券服務，可以讓活動主辦方賣票更容易。然而，問題仍然存在，尤其是像音樂會或體育賽事這種大型活動。

有時候你不能去參加活動，而你想賣掉你的門票；有些黃牛會購買大量票券，企圖創造稀缺性，再轉售這些票券賺錢。福特諾還記得有場紅襪隊的比賽門票已經售罄，他在洋基體育館四處尋找兩張票，身為資深球迷，他可以看出試圖以假亂真的假票，還好，他從沒上當過。但有一次他要去看紐約尼克隊（Knicks）在麥迪遜花園的季後賽時，前面的人被「拒絕了」，就像克雷德‧弗雷澤（Clyde Frazier）曾說的那樣。他們買到假票。2018年CNBC.com上的一篇文章寫道，大約有12%的人曾在線上買到假的演唱會門票。

儘管存在詐騙，門票的次級市場已經成長到150億美元，像StubHub這類網站為次級市場提供便利性，它可以讓買賣雙方交易票券，StubHub會驗證賣出的票券，但這項服務收費高昂，而且，票券收送可能得透過郵件，如果活動舉辦在即，你可能得使用隔夜快遞。更重要的是，次級市場票券買賣的利潤都不會落入活動舉辦者、音樂會發起人或表演

藝術家的口袋。

利用NFT門票就能解決這些問題。

首先，NFT門票不需要有中心化組織驗證票券的有效性，因為如之前討論的，區塊鏈能驗證NFT的真實性。

第二，NFT可以用程式設定轉售的一定比例利潤，會自動發送給製作門票的組織。NBA球隊達拉斯獨行俠（Dallas Mavericks）的老闆馬克‧庫班（Mark Cuban）在技術上也是個特立獨行的人，他想將獨行俠的門票都變成NFT。他在2019年3月CNBC.com的一篇文章中說：「我們想找一種方法，不僅讓我們的消費者和球迷能購買、轉售門票，我們也能繼續從中賺取權利金。」

推特

你可能在2021年3月的新聞中聽說，傑克‧多西（Jack Dorsey，推特共同創辦人）以290萬美元賣出他第一條推特。誰想過可以把推特文章變成NFT？這表示NFT內容的可能性比想像中大。

NFT的八大面向

每個NFT其實都是一段程式編碼，在以太鏈上被稱為智慧合約（smart contract）。在NFT代碼中有標準規定應該納

入及可以納入什麼內容，非同質化代幣有某些讓它們不同於一般同質化代幣的特質，如前所述，以太坊上的同質化代幣稱為ERC20代幣，以太坊上的NFT是ERC721或ERC1155代幣，有不同組合的標準讓NFT擁有不同的功能及特徵，也讓商城和錢包能接受以太坊上的任何一個NFT。

請注意，以太坊區塊鏈目前是最受NFT歡迎的區塊鏈，還有其他的NFT區塊鏈，包括WAX（World Asset eXchange）。利用WAX交易NFT的主要公司之一是Topps，該公司擁有包含大聯盟在內數個體育聯盟的收藏授權（實體和數位），其他NFT區塊鏈還有交易NBA Top Shot NFT的FLOW和幣安智能鏈。我們會在第五章詳細說明各個NFT商城，以及每個商城使用的區塊鏈。

前面討論的標準除了允許NFT被擁有及轉讓外，也使NFT包含以下幾個面向：

- 名稱
- 主要內容
- 預覽內容
- 說明
- 特徵
- 可解鎖內容
- 持續性權利金

· 供應量

出於實用目的，NFT需要一個名稱、一段主要內容和供應量（通常是一個）。說明、可解鎖內容和持續性權利金則可有可無。特徵可以是NFT主要內容的關鍵，其實也是NFT的主要內容。某些情況可能需要預覽內容。接下來將逐一討論。

名稱

這很簡單，就像每件藝術品一樣，每個NFT也要有個名字，有時候你會在名字的最後看到版本號碼，像是「2/10」或「17 of 25」，前者表示這個NFT是10版中的2號，而後者則是25版中的17號。

主要內容

NFT的主要內容說的是NFT的種類，你也可以將它看成創建這個NFT的特殊目的。例如圖2.6所示的數位藝術NFT，主要內容可能是圖片、影片、GIF動畫或3D模型；域名NFT的主要內容就是域名，通常用圖片表示，也可能包含某些特徵。

至於數位遊戲收藏卡NFT的主要內容包含圖片（或GIF動畫）和特殊特徵，例如圖片代表的咒語或其他物品的力量。

　　數位地產的主要內容是土地在虛擬世界中的位置，通常用座標表示。

　　NFT的主要內容多以視覺呈現，這種內容幾乎可以用任何一種檔案格式，然而，如果你在幾個常見的商城上創建NFT，每個商城允許的檔案格式和檔案大小都不一樣。例如你在OpenSea上創建NFT，內容可以是下列檔案格式：JPG（圖片）、PNG（圖片）、GIF、SVG（向量圖）、MP4（影片）、WEBM（影片）、MP3（聲音檔）、WAV（聲音檔）、OGG（聲音檔）、GLB（3D模型）或GLTF（3D模型）。在OpenSea上，檔案最大不能超過40MB。

圖2.6　數位藝術的圖片NFT及域名NFT

預覽內容

　　如果主要內容不是圖片，例如音檔的NFT，主要內容可能由一張預覽內容代表，大多數是圖片或GIF動畫，可能是專輯封面或其他藝術作品、相片或其他能代表這首歌的圖

片。請注意，從程式的角度來看，NFT不需要預覽圖片，預覽圖片存在的目標是讓這個NFT在商城及系列頁面中更明顯、更有區別性，而不是只有兩個普通的音符圖形，甚至什麼都沒有。

預覽圖（preview image）和縮圖（thumbnail image）兩者有明顯的分別。縮圖是縮小尺寸後的圖片或影像，通常是在特定頁面上有多個NFT時，用來代表個別NFT，例如在商城頁面或系列頁面。一般說來，點選縮圖會跳出NFT的詳細頁面或完整尺寸的圖片或影像。如果影像檔縮圖上有播放鍵，點選後影像會開始播放，而不是跳到NFT的詳細頁面。

說明

這個應該不用多做解釋。除了描述該NFT，說明也可以用來指明版本編號、描述可解鎖內容是什麼、提供版權或商標聲明，有時候也會提到最高出價者可能會得到其他福利。

以下是三個臭皮匠「加密莫伊」（Crypto Moe）NFT的官方說明：

　　「臭皮匠已經變成8位元，如果你仔細想想，它比2位元好四倍。

　　「這件超稀有的加密莫伊NFT收藏品是一號系列中獨一無二的一號，沒有第二件，也不會再鑄造第二件。

「本次拍賣最高出價者，將獲得與一名莫伊家族成員見面的機會。

「三個臭皮匠是C3 Entertainment, Inc.的註冊商標。三個臭皮匠的角色、名字、肖像和所有相關標記都屬於C3 Entertainment, Inc.的商標和財產，C3 Entertainment, Inc.保留所有權利。」

一、福利：如果有額外福利，通常會放在說明裡。福利是得標者會得到的附加物件或體驗，例如格隆考夫斯基的「(1-of-1) 格隆生涯精華片段卡」（GRONK Career Highlight Card）NFT在說明裡寫了一個福利：「除了贏得生涯精華片段卡NFT外，拍賣出價最高者也將獲得與格隆考夫斯基見面的機會，並參加他的一場足球比賽、贏得下一場格隆海灘的VIP全通路門票（2張／2021年球季雙方同意的球賽）。」我們不確定格隆海灘是什麼，但聽起來很好玩。說明中還寫著：「在2021年4月30日必須持有這個NFT才能兌現。」所以，如果這項福利有任何特別條件，也應該提到。

NFT有福利是很棒的，它能明顯提升NFT的價值。見到格隆考夫斯基會是多棒的事？

有人認為這真的很棒，然後用近300顆以太幣買下這個NFT，在當時價值超過43.3萬美元。

二、實物：NFT的說明也可以連結實體資產。例如，

OpenSea 上的 Slabs 系列就有以下說明：

> 由實體分級資產背書的數位NFT收藏卡，Slabs！
>
> 「收集並投資代幣化的實體運動及收藏卡。所有代幣代表的卡片，由PSA/BGS等著名公司分為不同等級。（例如，PSA 10是獨特的，和BGS 9.5不同）。卡片安全地儲放在如PWCC保險庫等外地。打造你的數位收藏，跳過運輸和儲存的麻煩。
>
> 「你可以選擇將NFT兌換成實體卡，可解鎖內容中有完整的說明。已兌換的代幣會被銷毀，新的持有者負責所有運費、履行費用（如果有）及保險費。更多細節請上我們的網站。分級公司帶有序列號碼的NFT將各有對應的實體卡，但不一定正是你收到的卡片，你可以收到同一家公司同一等級的卡片。」

請注意，這段Slabs說明不在任何Slabs NFT的說明裡，而是在系列的說明中。

數位藝術家也有可能在NFT說明中表明，NFT的持有者有權獲得NFT藝術作品的原稿。

對「持有」實體資產而言，NFT是個有趣且便利的方式，只擁有NFT而不必握有實體資產。NFT的這種用途可能會助長一些購買動機，但有個顯而易見的問題仍然存在：如果你

兌換NFT後，創作者沒有寄出資產怎麼辦？事實上，你只是擁有這個NFT和一個承諾，如果要求第三方的信託，就違背了區塊鏈資產的價值。

特徵

　　NFT包含某些特徵和屬性。在交易遊戲內物品及數位遊戲收藏卡的NFT時，這一點尤為重要。特徵（attribute）可以是NFT的不同屬性（property）或所屬的種類（category），以及該NFT能提供多少額外的力量與優勢（有時候稱為加成，boost）。以圖2.7 F1 Delta Time的「競賽手套」NFT為例。

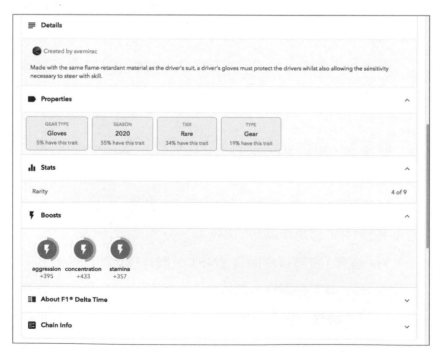

圖2.7　F1 Delta Time「競賽手套」NFT的詳細內容頁面

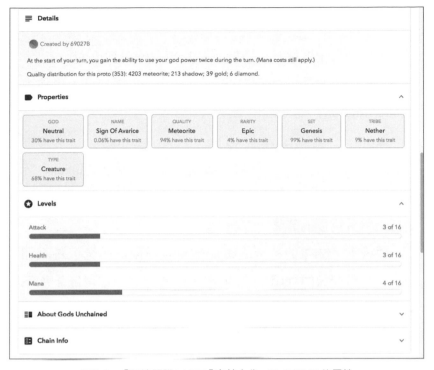

圖2.8　「眾神解脫」NFT「貪婪之像」ID #73809的屬性

　　第一區標示為屬性，顯示NFT屬於哪個種類，該種類的NFT占了多少百分比。

　　首先，你可以看到這些手套在「裝備」（gear）種類中的「手套裝備類」（gloves），它們來自2020賽季，屬於稀有（rare）等級。這些種類由遊戲開發商設定，可能依遊戲而異。圖2.8呈現不同種類的比較。

　　如你所見，不同的遊戲會有不同的屬性類別。

　　對競賽手套NFT而言，稀有度（rarity）為九等中的第四等（4 of 9）。雖然兩位作者都沒有玩過F1 Delta Time，我們假

設這個比例是中度稀有。這個遊戲更重要的是加成（boost），如你所見，手套提供395的攻擊力（aggression）加成，專注力（concentration）加成433，耐力（stamina）加成357。

圖2.8「貪婪之像」（The Sign of Avarice）卡的攻擊（attack）等級是3，生命（health）等級3、法力（mana）等級4。我們也沒有玩「眾神解脫」，但就我們的理解，法力值是打這張牌需要的能量。

理論上，NFT的特徵或屬性數量是無限的，全依遊戲開發商，也就是NFT的創作者決定，但特定商城卻可能施加不同的限制。

可解鎖內容

可解鎖內容很酷，這內容只有NFT持有者才能看到，它不只增加了NFT的價值，還包含了額外的內容，同時又引發好奇心，這也能增加價值。NFT的說明裡可能會描述可解鎖內容是什麼，或是讓它完全成為一個驚喜。

可解鎖內容可能千變萬化，除了真實的檔案（例如圖片或影片），也可能有兌換實體物品或其他福利的資訊、某個東西的登錄憑證（例如網站或線上培訓計畫）、遊戲啟動密鑰、NFT創作者的筆記，甚至像是在三個臭皮匠「算命柯利」NFT中對你的運勢預測。

請注意，在OpenSea等商城上，實際可見的可解鎖內容

只有文字，所以如果你想放其他種類的內容，例如圖片或影片，就需要提供這些檔案的連結，或是可以提供電子郵件，請他們先寄信給你，你就可以將說明寄給他們。

持續性權利金

NFT另一個突破是創作者可以設定持續性的權利金，這表示未來NFT的每次交易都會有一定比例回到原始創作者身上。如此藝術家及其他NFT創作者不必再做任何事，就可以得到未來銷售的收入，權利金的金額會自動發到創作者的錢包裡。

創作者選擇他們希望得到的權利金百分比，一般是10%。但若是權利金比例過高，會影響未來的買氣。請注意，如果NFT在OpenSea等特定商城上販售或拍賣，潛在買家無法看到持續性權利金的數字。

還要注意的是，在OpenSea上，權利金是在你創建系列時設置的，該系列的所有NFT都適用這個設定。同時，創作者也可指定權利金發送的地址，不一定要是創作NFT時使用的錢包。我們會在第六章詳細說明創建系列的事。

另外，雖然你在某個商城上創建NFT，並設置持續性權利金，但若是NFT在別的商城上販售，就不一定能拿到權利金。

供應量

正如我們所討論的，一個NFT的供應量通常（且總是）

1，這讓它變得唯一且不可替代。然而，供應量也可能超過一個，出現一模一樣的NFT。請注意供應量及NFT版本編號之間的區別，舉例來說，圖2.9 三個臭皮匠「NFT 小販」（NFT Hucksters）是30版裡的5號。

這個特定的NFT供應量是1，這個5/30的NFT是獨一無二的，5/30的「NFT 小販」只有一個。不過，「NFT 小販」有30版，系列中每個NFT都有明確的編號，所以每個NFT的供應量是1，只是有30個版本。

圖2.9　三個臭皮匠「NFT 小販」NFT　5/30

NFT 裡面到底有什麼？

NFT完全在區塊鏈中嗎？不盡然。NFT其實是個基於ERC721標準（若是以太鏈為基礎的NFT）的智慧合約（程式

代碼），剛剛所提NFT的各個面向都設定在智慧合約中，除了供應量和持續性權利金外，NFT的內容都列進智慧合約的元資料（metadata）中。元資料是關於其他資料的資料。舉例來說，數位遊戲收藏卡NFT的元資料可能像是這樣：

```
{
    "name": "Elven Wizard",
    "image": "storage.googleapis.com/game-image
/0x0d7b893b3wdd389cf022530ccd1743ac1db56e4e
/0127847.png",
    "description": "Common Alpha Edition
wizard of elven descent.",
    "attributes": [
            {
                    "trait type": "Strength",
                    "value": 16
            },
        {
                    "trait type": "Dexterity",
                    "value": 20
            },
        {
                    "trait type": "Wisdom",
                    "value": 19
            },
        {
                    "trait type": "Constitution",
                    "value": 15
            }
        ]
    }
```

請注意，NFT的圖片不在智慧合約裡，而是存在別的地方，並由元資料引用。主要原因是，如果這些大型圖片和音訊檔案存在區塊鏈上，區塊鏈會塞車。因此，配置包含圖片和影片的智慧合約需支付昂貴的成本，將元資料儲存在鏈上所費不貲。所以，大多數專案都是將元資料存在鏈外，只在智慧合約中提及元資料的位置。

離線儲存元資料和檔案有兩種主要解決方案。第一種是雲端儲存方案，例如亞馬遜的AWS或Google雲端，另一種是其他星際檔案系統（InterPlanetary File System，IPFS），IPFS是去中心化的全球點對點網絡（與區塊鏈相似），檔案存在其中不同的地方。這些只是主要的解決方案，元資料和檔案也可以存在網路上的任何地方。

因此，從技術上來說，NFT是資料和文件的參照物，我們將在下一章討論這些資料和文件如何儲存有多重要。

讓NFT吸引人的外在要素

除了本章討論的NFT內在要素，NFT也有外在要素。每個NFT就像一件作品，背後都有故事，不管有沒有說出來。

你讀這本書的一個理由可能是因為你想涉足NFT，例如製作自己的NFT，或是最終在這方面獲得成功。對許多品牌、影響者、公司和其他想進入NFT市場的人來說，看著

NFT成功銷售，看著一個人能僅僅憑藉他們提供的價值、他們提供的體驗、或是之前做過的事就能賣出NFT，是很誘人的事。

很可惜的是，事情沒有那麼簡單。

為了取得長遠的成功，NFT必須擁有下列外在要素：

- 「為什麼」你（創建者）要進入NFT市場的動人故事
- 你能為NFT帶來的名聲
- NFT價值持續（或增加）的未來保證

你可能只是想玩票性質地參與NFT，看看會發生什麼事。那很好，你可能會成功賣出幾個。然而，如果你很認真地想把它變成一項長期、改變生活的努力（這是非常可能發生的），就要努力達成這些外在要素。

Beeple在14年前展開創作旅程，他每天都從草稿開始創作一幅數位藝術品，如今，這個「每日」（Everydays）系列已經有5,100多件藝術品。

Beeple作為一名電腦科學家，他沒有藝術背景，只是想要學習畫畫，而且覺得如果每天發表一個作品，可以吸引追蹤者，這有助於他對這個行為產生責任感。

他當時的願景會是希望在13.5年後，透過NFT的形式，以6,900萬美元賣出前5,000件藝術品嗎？或許不是，但它確

實發生了。解析這個大規模銷售發生的原因,我們可以確定其中有些基本要素存在。

「為什麼」你要進入NFT市場的動人故事

簡單來說,你為什麼要做NFT?這沒有正確答案。你的動力是什麼?是什麼刺激了你?有特別驅動你的事件嗎?你如何透過NFT對觀眾表達你的「為什麼」?用你的「為什麼」打造追蹤者。

Beeple的「為什麼」故事令人信服。他的品牌被有組織地整合成一個NFT藝術家的品牌。直到販賣第一個NFT之前,Beeple一直是以數位媒介創作,然後販售實體版本,每幅最多100美元。不過身為一個數位原生藝術家,他的數位藝術品應該以數位媒介收藏,這是非常合理的事。此外,「每日」系列就是展示每一天創意連貫性的進展,因此,擁有他的其中一幅創作,就等於擁有Beeple旅程中的一部分。你會說出什麼故事,讓收藏家對你的NFT感興趣?

你能為NFT帶來的名聲

Beeple的名聲是真實的,他在社群中奉獻了14年的時間(且鮮少從中獲得什麼),鼓勵他人精進自我,無論是學習Cinema 4D和OctaneRender(他用來創作迷人藝術的軟體),或是追隨他的腳步,每天做一項任務來精進自己。這對他的

名聲大有幫助。你的名聲是什麼，它和你的「為什麼」故事有什麼關聯？

NFT價值持續（或增加）的未來保證

買下Beeple的NFT會有一份對未來的保證。我們知道Beeple 會在未來持續創作「每日」系列，這是向潛在收藏家保證Beeple會長期參與其中。他不會今天在這裡，明天就消失了。你要如何讓NFT市場知道你想和這個社群一起成長？

當我們把Beeple在NFT上的巨大成功與尚—米榭・巴斯奇亞（Jean-Michel Basquiat）NFT的失敗相比時，我們會對先前所列的基本外在要素有更多了解。

2021年4月底，DayStrom上架「自由之梳與寶塔」（Free Comb with Pagoda）的NFT版本。除了擁有NFT，無論誰贏得了拍賣，都有權力銷毀巴斯奇亞原版的實體作品——完全銷毀實體版本，只留下數位版本，其背後的理論是銷毀原版將使NFT更有價值。

幾天後（沒有人出價），NFT因版權糾紛而取消銷售。

為什麼一個電腦科學家，能在閒暇時間創造出可賣7,500萬美元的NFT數位藝術品，而一個藝術家的作品卻沒有半個人出價？

這是個有趣的故事，但他們忽略了一個事實——收藏家或許沒有興趣銷毀美國史上最有影響力的藝術家的藝術品。

此外，他們是否計畫將巴斯奇亞所有藝術品都轉成NFT？他們都有機會銷毀原作嗎？這個策略無法保證未來。

不是每個成功的NFT都包含前面列出的外在要素，但這也不是銷售NFT的完整指南，我們會在第七章中說明。

2005年1月，一位名叫戴維‧羅斯（Dave Roth）的人無意間拍下四歲女兒站在失火的房子前，淘氣回頭看向鏡頭的照片，在網路上創下歷史，這張照片像野火般在網路上蔓延，以「災難女孩」（Disaster Girl）的迷因身分有了自己的生命，它是史上最著名的迷因圖。16年後，原始照片的NFT以180顆以太幣賣出（撰寫本書時的市值為70萬美元）。

我們不知道為什麼 @3FMusic 買下這個NFT，但我們可以假設是因為它的名聲和歷史重要性，而不是未來的保證或吸引人的故事。

對你來說，NFT的價值似乎仍然是個謎，這種隨機估價就像憑空變出來的。在下一章，我們將更詳細地探討為什麼NFT有價值。

最起碼，你現在應該理解人們為什麼收集、什麼是NFT、NFT的各個種類、NFT的各個面向，以及讓NFT吸引人的一些外在要素。

現在，我們來討論NFT的價值。

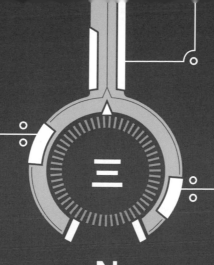

三

NFT 為什麼有價值？

我們已經把網路上的內容視為「免費」，事實上，在以廣告為基礎的網路生態中，我們期望所有內容都是免費的，推文、迷因、影片、文章等，你想到的都是，如果不是免費的，那絕大多數人只會點擊退出。因此，大部分人在其他事物看似免費的情況下，難以接受購買數位產品，例如NFT——我為什麼要買其他人在線上就可以瀏覽、截圖，然後聲稱數位內容「所有權」的東西？

這個問題的答案是多方面的，本章將探討其中的原因。然而，正如我們在第二章討論人們收藏的原因，我們想著重在「價值」的初步原則，才能為理解NFT的價值打下基礎。

收藏品為什麼有價值？

第二次世界大戰重新調整了資源的重要性，我們多數人知道當時限量配給糖、肉、汽油、輪胎和紙張，但你知道銅也在資源短缺的名單上嗎？

銅是發電機、電動機繞組、無線電線路和彈藥的基本材料，隨著二次世界大戰在海陸空的進展，越來越多機器需要銅線才能運作，更不用說，戰場上的彈藥永遠都不夠。

然而，在美國境內卻無法生產能滿足戰爭需求的銅，而且你猜猜當時銅的最大消費者是誰？美國鑄幣局。

1942年12月，國會通過了一項法案，授權美國鑄幣局

尋找不同金屬鑄造便士硬幣（一分錢）。因此，從1943年開始，便士的成分從95%的銅、4%的鋅和1%的錫變成了幾乎全鋼的硬幣，上面還有一層薄薄的鋅，以避免生鏽。

大約鑄造11億枚鋼幣後，美國民眾抵制硬幣從棕色變成銀色，成分重量較輕也常讓自動販賣機拒收。因此，鋼便士在1943年停產，又恢復到95%銅和5%鋅的便士（直到1982年又變成鍍銅的鋅幣）。

在一年的材料過渡期中，多餘的銅、鋼造幣坯餅（準備沖壓成形的金屬圓盤）留到了隔年，這導致本應在1943年停產的銅幣和1944年停產的鋼幣，因失誤而生產出來了。

1943年大約生產了40枚銅便士，1944年生產了35枚鋼便士，相較於這兩年生產的數十億枚硬幣，這75個誤製的硬幣瞬間變得罕見。

美國鑄局幣在戰時努力貢獻心力的過程中，也為各地的錢幣收藏者創造了一件稀世珍寶。

時間快轉到幾十年後，1943年的銅便士價值在15萬到20萬美元之間，1944年的鋼幣則是7.5萬元到11萬美元之間（這當然取決於錢幣的狀況）。

然而，俗話說得好，只要有人願意付錢，藝術就有價值。這句話也適用於收藏品。

2010年，德州遊騎兵隊（Texas Rangers）的老闆之一比爾·辛普森（Bill Simpson），創下紀錄用170萬美元買下1943年丹

佛鑄幣局製的銅便士，七年後又砸下100萬美元買下1943年舊金山鑄幣局製的銅便士，這兩次購買讓他集齊了美國當時三大鑄幣局的1943年銅便士（另一個是費城鑄幣局）。

便士的真實價值只有一分錢，卻荒謬地賣出七位數的價格。但我們想不出更好的比喻來形容收藏品的價值，以及它們的價值如何遠超預期。

不過，某樣東西不會只是因為稀有，就代表它有價值，還有許多因素影響收藏品的價值，說明如下：

出處證明

出處和物品的來源有關，收藏品的出處是持有的紀錄，用以代表真實性或品質，因此，出處證明認可該收藏家的物品真是它所宣稱的那樣。就藝術品而言，出處是有證明文件的所有權鏈，從現有的持有者一路追溯至藝術家。當涉及藝術品和收藏品交易時，出處可以決定交易的成敗。

歷史意義

收藏品被創造出來的時間，或是導致它被創造出來的歷史故事，會影響收藏品的價值。二次世界大戰意外產出罕見的1943年和1944年便士的事實，對那些硬幣很重要，它增加了故事的複雜性，這與歷史上其他單純做錯的硬幣形成強烈對比。

情感

收藏者與收藏品的情感連結不能被低估，這種情感連結會讓收藏者願意支付更高的價格，僅僅因為收藏品對他們來說有重要的意義。

狀況

顯然，收藏品的狀況很重要，收藏品會依損耗進行分析和分級。如果它是獨一無二的物品，狀況就沒那麼重要；然而，如果同樣的收藏品有很多個，例如戰時的便士硬幣，狀況越好的價值越高。這就是收藏家會竭盡全力維持收藏品品質的原因。

收藏的完整性

擁有整套收藏品或各種版本的收藏品也會影響價格。像辛普森這樣的超級收藏家來說，尋寶的刺激感很重要，他們想擁有一整套收藏品。收藏品越罕見，就越難湊成一套，因此，能獲得一整套收藏品會增加單一收藏品的價值。換句話說，完整性讓收藏品更有市場。

當然，收藏品的價值對外人來說可能是個謎。想像你想用一枚罕見的便士硬幣買下100萬美元的房子，你會被那些不知道硬幣稀有性的人大笑著趕出去。

收藏界外很少有人理解收藏品的價值，但那才是重點。因為有收藏者，收藏品的價值才能提升，供需是收藏品價值背後的主要作用力，其他因素當然也很重要，但如果沒有需求，那（在那個當下）就真的沒有價值了。

另一群了解推動價值原則的人是美術收藏家。所有收藏家都需要注意一件事，那就是作品的真實性。

為了理解NFT和它們的價值，我們先來探索困擾傳統藝術和收藏品世界的問題。這兩個領域多年來一直充斥著騙子、贋品、其他騙局和許多問題。

傳統藝術品面臨的問題

藝術界有個骯髒的小祕密——贋品長期充斥於藝術品市場，這個問題至今仍然存在。根據瑞士美術專家學院（FAEI）2014年發表的報告，市場上流通的美術品中有50%（沒錯，是50%）是偽造或張冠李戴。雖然這個數字一直有爭議，但在全球市場的私人收藏、藝廊和博物館中不斷發現贋品，2019年銷售額就超過640億。

近年的贋品騙局

藝術贋品和仿品存在已有上千年，然而鑑定方法卻一點都沒有改變，以下是近年來一些藝術品贋品騙局，可突顯藝

術品鑑定方法的不可靠。

一、經典大師贗品騙局：一幅被認為是繪於 17 世紀的弗蘭斯‧哈爾斯（Frans Hals）畫像，在 2011 年以 1,000 萬美元售出。在 2016 年，有人發現畫布是現代材料，確認為贗品。據信，這一醜聞涉及 25 幅經典大師的畫作，總價值達 2.55 億美元。

二、諾德勒贗品集團：在 1994 年到 2008 年間，諾德勒畫廊（Knoedler Gallery）向不知情的賣家售出超過 20 多件贗品，總價達 8,000 萬美元。一名長島的藝術品商人和她的男朋友、兄弟一起雇用了紐約皇后區的一名藝術家，繪製傑克森‧波洛克（Jackson Pollock）、馬克‧羅斯科（Mark Rothko）和羅伯特‧馬瑟維爾（Robert Mothcrwell）等藝術家風格的畫作，首腦還偽造了出處文件（所有權鏈）。

三、偽造賈科梅蒂青銅器：一名抄襲瑞士藝術家阿爾伯特‧賈科梅蒂（Alberto Giacometti）的偽造者，在 30 年間出售了 1,000 件偽造雕塑和青銅器，價值近 900 萬美元，最終在 2011 年被抓。因為重鑄比繪畫容易，雕塑市場比繪畫市場更陰暗，這場騙局至今仍產生影響，因為許多偽造的雕塑仍在市場上。

四、eBay 上的假貨：2016 年，密西根的藝術品商人被捕，原因是他在十多年間利用不同的化名在 eBay 上販賣

藝術贗品，被偽造的藝術家包括威廉・德庫寧（Willem de Kooning）、弗朗茲・克萊恩（Franz Kline）和瓊・米歇爾（Joan Mitchell）等人。偽造者也製作了假的收據、銷售帳單和信件，以作為贗品的出處證明。史密森尼學會（The Smithsonian）可能也是受害者，它有六件收藏品都是向這位商人購買的。

請注意，這只是近幾年引人注目的贗品騙局，若再往前追溯，在1985年到1995年間，經常被吹捧為（贗品）大師的倫敦人約翰・麥特（John Myatt）繪製超過200幅仿品，被抄襲者包括夏卡爾、畢卡索、莫內等人，他以數百萬英鎊的價格詐騙了最具盛名的藝廊、收藏家和拍賣會。今日，藝術品世界的贗品情況似乎看不到任何改善的跡象。

不可靠的鑑定師

在藝術界裡，繪畫和其他藝術作品由鑑定師鑑定，這些專家看著一件作品，試圖感應它是否出自藝術家之手，然後根據自己的「專業」和「經驗」，提出完全主觀的意見。這種鑑定系統的明顯缺點在於它完全是主觀的——所謂的專家不可靠、有偏見，也有可能和人勾結。在處理可能價值幾千萬或幾億元的畫作時，被「愚弄」並不難。

高端藝術界也像是高中小團體，如果他們不讓你加入，

你會過得很艱難。舉例來說，一個73歲滿嘴髒話的卡車司機泰瑞·霍頓（Teri Horton）在雜貨店花5美元買下一幅畫，2006年紀錄片《誰是傑克森·波洛克？》（*Who the #$&% Is Jackson Pollock?*）裡，主題就是讓藝術界鑑定這幅畫是否為波洛克的畫作。

意料之中的是，因為缺乏出處，專家宣稱那幅畫顯然是幅贗品。老實說，我們也持懷疑態度，但霍頓雇用了法醫科學家，他在畫布後發現一枚指紋，符合波洛克工作室裡顏料罐的指紋，也符合其他波洛克真跡上的指紋。最重要的是，經過氣相色譜分析，泰瑞畫作上顏料的成分與工作室地板的顏料完全一致。然而，儘管有法醫證據，今日的「專家」仍堅持他們原本的主觀結論是正確的，還有一人說這幅畫「不像波洛克的畫那樣會唱歌」。

令人震驚的是，藝術界有數十億美元的價值依賴於「專家」，我們無法知道有多少贗品被這些鑑定家認證後，會繼續存在於市場上。

出處問題

用於鑑定藝術品的另一個要素是它們的出處，如前所述，它是一個有據可查的所有權鏈，從目前的持有者一路追溯回藝術家。如果是藝術贗品，這幅畫作經常是「新發現的」，且沒有出處文件，或文件資料很少。但有些時候，就

像前面提到的一些例子，出處完全是用假文件編造的。

更令人傷心的是，擁有贗品畫作的騙子一直將偽造的出處混入著名機構的館藏中，例如泰特美術館、維多利亞和艾伯特博物館及英國文化協會等。受到汙染的館藏怎麼可信？甚至不知道這種做法有多普遍，有些館藏甚至可能不知道它們是否包含偽造的出處，或有多大程度是偽造的。此外，一些偽造者還會印製假目錄，放在博物館的圖書館裡。

不知道為什麼，藝術界鑑定藝術品時，尤其是價值數千萬或數億美元的作品，從過去到未來都不太光彩。這種情況下，藝術作品怎麼能被信任呢？

收藏品和紀念品面臨的問題

全球收藏品市場規模估計為3,700億美元，其中涵蓋各種收藏品，如運動卡片和紀念品、古董、漫畫書、硬幣、郵票，當然還有豆豆娃，以及其他幾類收藏品。與藝術界類似，收藏品市場裡的假貨也泛濫成災，線上販賣的古董高達八成都是贓物或贗品。20年前（或許今日也是），美國可能有90％出售的體育紀念品是假的，聯邦調查局甚至不得不打擊仿造的豆豆娃。

贗品問題

各種贗品充斥於收藏品市場，以下舉出的例子只是滄海一粟。

一、假簽名：1990年代，在所謂「牛棚行動」（Operation Bullpen）中，聯邦調查局滲透全國的紀念品詐欺市場，瓦解數個涉及偽造體育明星或名流簽名紀念品的贗品集團及個人。專家和合作對象估計，偽造的紀念品每年價值超過1億美元，這項行動取得以下成績：

- 起訴並定罪63人。
- 扣押超過490萬美元。
- 瓦解18個贗品集團。
- 超過1,000名受害者得到超過30萬美元的賠償。
- 透過75張搜索票和100多次臥底購買證據，繳獲數萬件偽造的紀念品，避免了1,525.3萬美元的經濟損失。

在「牛棚行動」被定罪的人中，葛雷格・馬里諾（Greg Marino）被稱為世界上最強大的偽造者，他還成了ESPN紀錄片《偽造者》（*The Counterfeiter*）裡的主角。從貝比・魯斯（Babe Ruth）、米奇・曼托（Mickey Mantle）、泰・柯布（Ty Cobb）、阿爾伯特・愛因斯坦（Albert Einstein）到亞佛烈德・希區考克（Alfred Hitchcock），甚至是亞伯拉罕・林肯

（Abraham Lincoln）等人的簽名，他都非常熟練，他一天可以偽造出上百份紀念品，而這只是眾多偽造者中的一個。

自「牛棚行動」以後，這一行實施了認證程序，「認證者」將見證簽名，並將「認證」貼在物品上，或是提供其他形式的「認證」證書。不足為奇的是，贗品也出現了偽造的認證貼紙和證書，有點類似於藝術品的假出處。

福特諾有個朋友，我們叫他巴尼，他經常去棒球卡大會收集球員的簽名或簽名球，這些球員要求收10美元才簽名。他曾給我泰德・威廉斯（Ted Williams）、唐姆・迪馬喬（Dom DiMaggio）、吉姆・賴斯（Jim Rice）和卡爾・雅澤姆斯基（Carl Yastrzemski）的簽名，上面沒有「認證」貼紙，因為當時沒有這種東西，但我完全相信巴尼，畢竟我們一起長大。

簽名分析專家可以輕易發現粗製濫造的偽造品，但若是像馬里諾那樣更高明的偽造品呢？我們覺得簽名分析比藝術鑑賞更加科學，但怎麼可能有人真的確定任何簽名收藏品都是真實的呢？

二、變造和偽造的卡片：除了捕獲多個簽名偽造者外，「牛棚行動」也瓦解了兩個卡片偽造集團。

最著名的變造卡片事件寫成了一本書：《卡片：收藏者、騙子和史上最受歡迎棒球卡的真實故事》（*The Card: Collectors, Con Men, and the True Story of History's Most Desired Baseball Card*），作者為《紐約每日新聞》（*New York Daily News*）記者麥可・歐

基飛（Michael O'Keefe）和泰瑞‧湯普森（Teri Thompson）。

這本書的重點在於世界上最昂貴的棒球卡——1909年T206何那斯‧華格納（Honus Wagner）。已知這張卡片現存僅有50張，多數看來已經有一世紀的磨損痕跡，但其中有張卡片似乎克服了時光的考驗，還能留有尖角，2007年它的價格為280萬美元。後來證明是一名體育紀念品商人修剪邊角，讓它看來像是原本的樣子，而且大家都信了，但最後他還是被抓了。

最近，對運動收藏卡的變造也引起聯邦調查局的注意，他們發現市面上數百張總售價為140萬美元的卡片，被「卡片醫生」進行修整或不當的修改。

調查還集中在最大的體育卡片分級公司「專業運動認證機構」（Professional Sports Authenticator，PSA），收藏者仰賴他們決定卡片的狀況，這大大影響卡片的市場價值。PSA目前是一起集體訴訟案的被告。

三、偽造的比賽服裝和物品：偽造的比賽運動球衣和配備，是收藏品市場另一個猖獗的詐欺領域。2012年，佛羅里達一名男子被判聯邦詐欺罪，罪名是將運動球衣的複製品冒充成使用過的球衣，他還添加補丁和其他可識別的標記，讓它們看來像是職業運動員曾經穿上場比賽的樣子。

2018年，紐約巨人隊四分衛伊萊‧曼寧（Eli Manning）陷入一起民事訴訟，他被控將未上場過的配備當成上場過的

典當了。因為稀有性和歷史意義，上場過的安全帽和球衣明顯有更高的價值。曼寧與著名的體育紀念品公司 Steiner Sports 達成一項協議，公司希望曼寧提供兩組上場過的安全帽和球衣，曼寧聲稱他寄了一封電子郵件給巨人隊的配備經理，請他寄給 Steiner Sports「兩個可以當作已上場過的安全帽」。

收藏品劣化

　　許多收藏品因隨時間損耗逐年劣化，收藏品分級甚至發展出一整個行業，尤其是運動收藏卡和漫畫書。紫外線、濕度，甚至是氧化都會對各種收藏品產生有害影響，更不用說觸摸收藏品或偶發的意外了。雖然有些辦法可以延緩老化的過程，並提供一些保護，但能維持原始狀態的收藏品仍只占一小部分。

　　收藏品會劣化，價值當然也會下跌。

在 NFT 誕生前的數位藝術

　　如前所述，數位藝術是存在於數位媒介中的藝術，例如圖片或影片。音樂界沮喪地發現，數位檔案在網路上可以被複製和傳送，而且品質不受影響，經過十年的思考，音樂界發展出數位版權管理（DRM）技術，以減緩數位格式（主要是 MP3）歌曲被大量複製的速度。像 Spotify 這種串流服務，

以及用新型態的權利金在這類新的音樂流通技術中獲利的方式，也正在發展。

　　大量的照片、影片和美工圖案公司也在極力保護他們目錄中的作品，他們聘請軟體公司在網路上搜尋客戶目錄裡的圖片複製品。如果你是個部落客，或是你發表了網路找到的圖片，你或許會收到這些公司來信威脅請你繳交授權費。我們不確定這有沒有效，有些人或許會付，其他人可能只會移除侵權的圖片。

　　但數位藝術家絕大多數都是獨立作業，該怎麼辦呢？他們沒有辦法在網路上主張他們的著作權，對個人來說，這是個艱鉅的任務。如果任何人都能複製分享，那還能怎麼買賣呢？我們認為藝術家可以把作品印出來販售，但那就不再是數位藝術了，而且你面對的是充滿詐欺的藝術世界，才出龍潭，又入虎穴。

NFT 的六大優勢

　　NFT除了解決困擾傳統藝術和收藏品的主要問題——真實性和出處，還提供了其他幾項優勢。

容易確認真實性
　　與藝術世界不同的是，NFT不需要廉價靈媒般的專家召

喚出藝術家的靈魂，來訴說自己是否畫了那幅作品，NFT的真實性由區塊鏈證實。

如上所述，NFT是個智慧合約，每個智慧合約就像區塊鏈錢包，都有自己的地址，拿以太坊的NFT為例，NFT的智慧合約有42字符的以太坊地址。任何一個人利用區塊鏈瀏覽器，在搜尋框裡輸入NFT的地址，就能找到NFT的智慧合約。

此外，區塊鏈瀏覽器會顯示NFT的創始地址，如果智慧合約地址符合藝術家（或已知創建者）的地址，那麼NFT便是真實的；如果不符合，NFT就不是真的，它不是來自聲稱的藝術家或其他已知的創建者。就是這樣，沒有不確定性，沒有「專家」，也沒有花招把戲。

在像OpenSea的商城上，你也可以驗證誰創建了NFT。在NFT的頁面上，只要往下找到交易歷史，再一路滑到底，就可以看到是誰創建了NFT。如果是一個經過驗證的藝術家（或其他已知創建者）的姓名或地址，那麼NFT就是真實的。

鐵證如山的出處

NFT有內建的出處，包括從創建者到目前持有者的所有權鏈。事實上，所有權鏈是區塊鏈驗證的基礎，適用於所有加密貨幣。

正如我們在第二章討論的，區塊鏈上的交易必須經過驗

證，現在來仔細討論驗證程序是如何運行的。

　　區塊鏈是一個去中心化的網絡，這代表它沒有中央機構或地點（圖3.1），而是在全世界不同地理位置的不同電腦上，有多個（有時候是數千個）區塊鏈副本（所有交易的列表）。

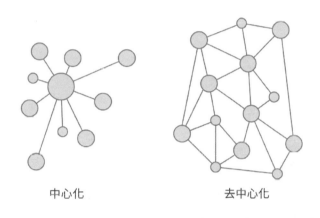

中心化　　　　　　　　　去中心化

圖3.1　中心化與去中心化系統

　　每一份區塊鏈都由不同人或不同團體維護，網路上的每台電腦被稱為一個節點，所有節點通過去中心化的同級間網絡不斷同步，以維持交易資料的完整性。

　　礦工或驗證者獲得（或贏得）在區塊鏈中驗證交易的權利，這是由工作量證明（proof-of-work）或持有量證明（proof-of-stake）來決定的，這將在本章後面再做討論。驗證者必須確定發送加密貨幣的地址是否真有足夠的加密貨幣，這個過程需要上鏈：發送地址接收從B錢包來的加密貨幣，

B錢包從C錢包接收加密貨幣，C錢包從D錢包接收加密貨幣，以此類推，這實際上可以一直驗證交易到區塊鏈上的第一個區塊（創世區塊）。

同樣地，NFT的每個持有者（原始、中間和目前的）和交易紀錄都會記錄在區塊鏈上，所以，當你在區塊鏈瀏覽器上搜尋NFT地址，或是在商城上確認交易歷史時，你會看到NFT的創建者、每個持有者、每次交易的日期和加密貨幣金額。這種交易是不可改變的（一旦在區塊鏈上確認後），這就是區塊鏈的本質，提供一個鐵證如山的所有權鏈或出處。

具有永恆性

區塊鏈也提供永恆性。NFT不像實體的收藏品，它不會隨著時間劣化，也不會被意外破壞，理論上它們可以永遠保持原始狀態。

然而，就像實體藝術和收藏品，NFT的持有者可以有意地永久銷毀它，這個過程在加密空間中稱為燒毀（burning）。為什麼有人要燒毀他們擁有的藝術品？我們不知道，但你應該知道這是可以做到的。

具有稀有性

如果你能複製錢包裡的比特幣，這樣比特幣的數量就會翻倍，那就太好了，不是嗎？顯然這是不可能的。如果任何

人都能複製，那比特幣或其他加密貨幣就沒什麼意義了。福特諾還記得有個孩子在購物中心的電子遊樂場，把影印的美元放進兌幣機換到真正的硬幣，後來被特勤局嚴懲。製造偽幣是一種嚴重的違法行為，為了維持貨幣的完整性，這是理所當然的。

就像你不能複製比特幣或其他加密貨幣，你也不能複製NFT，畢竟，如我們所說，NFT是一種加密貨幣，供應量為1。因此，區塊鏈也確保了NFT的稀有性。

這種稀有性和NFT的真實性，使藝術家在銷售數位藝術品時，不必擔心未經授權或原件被仿冒。它為數位藝術家和數位收藏品創造者開啟了全新的市場，一個前所未有、能產生數百萬美元的市場。

創建者可獲得持續性權利金

畫家賣一幅畫時，他們拿到的是賣出的價錢，當這幅畫再賣給第二個人，價格可能是原價的十倍或百倍以上，藝術家卻無法從這次轉賣或之後的買賣中得到一分一毫。畫家沒有持續性權利金，也沒有辦法因作品增值而獲利（除非畫幅新畫）。

NFT除了為數位藝術品和收藏品創造全新的市場外，它也可以保有持續性權利金，因此藝術家和其他創作者也可以得到藝術品未來銷售的分潤。藝術家不需要為其開立收據、

追蹤購買者、不必經由第三方之手，也不用等六個月才能收到，權利金會自動送到藝術家的加密貨幣錢包。

必須注意的是，NFT必須在創建的商城上出售，才能保證收到持續性權利金，如果在不同的商城上出售，就拿不到權利金了。

具有區塊鏈的優點

NFT的基礎在於區塊鏈技術，故受益於去中心化系統固有的優點。

一、無單點故障：中心化交易系統由資料庫和驗證過程組成，由單一位置或中央機構運行。例如，即使銀行有好幾家，它們還是中心化的系統，銀行控制自己的資料庫，驗證所有銀行進出的交易。

如果出現漏洞或駭客攻擊，中心化系統就會出問題，在這種情況下，駭客可以接觸資料庫中的所有資料，並竊取敏感資料，甚至更改資料紀錄。舉例來說，在2019年，有人駭進了第一資本金融公司（Capital One）的資料庫，取得超過一億人的個人資料，這裡的主要問題在於，駭客只需要攻擊一個地方就可以進入資料庫。

對去中心化系統而言，即使發生單點故障，攻擊者也無法進入修改資料庫。如果攻擊者可以進入一個比特幣節點，並試

圖改變先前的交易，或是在區塊鏈上增加新的虛假交易，其他節點會辨識出這些異常，並被網絡的其餘部分拒絕。

二、無單一控制機構： 像銀行這樣的單一控制機構，可以完全控制資料庫及其管理方式（依據某些政府法規），此外，銀行能完全控制交易進行的方式（同樣受限於某些政府法規）。例如，你或許可以檢查你的存款是否被扣留了一段時間，銀行能決定扣留的時間長度，甚至可以延長時間。祝你早日拿到那些錢。

如上所述，在去中心化系統中，沒有中心化機構控制，除了所有交易都以相同的方式進行驗證和處理外，你不會受限於控制機構莫名奇妙的影響。更重要的是，沒有控制機構，你其實可以百分之百地控制你的資金，只有你一個人可以處理你的資金（假設你安全地保護好你的密碼和私鑰，免得你的錢包被駭）。

三、無信任交易： 在「古時候」，交易用以物易物的方式親自進行，我用這些貨物與你交換那些貨物，我們不需要互相信任，因為這是同時進行的交易，我們每個人都有機會在交易前檢查對方的貨品。

後來，貨幣發展出來，交易開始需要信任。用貨幣購買商品時，交換差不多是對等的，我給你現金（或任何相關貨幣）換商品。現在賣家必須擔心的是貨幣是否為真（不是假鈔）、它是否有價值、它的價值能不能維持（至少維持到賣

家拿它購買其他東西或服務）。

貨幣是否為真，賣家需要相信我。然而，在很大程度
上，賣家必須有能力辨識貨幣是不是偽造的，同時也要相信
政府或其他機構能嚴格執行防偽法律，以阻止偽幣流通。因
此，就信任而言，第三方——管理機構也加入了交易。

隨著商業的增加，人們開始遠端交易，這就需要一個或
多個可信的中間人來完成支付。起初是由信差親自傳遞資
金，現在則有了先進的銀行系統。例如，如果你寫了一張支
票並寄給我，我會拿著它到我的銀行，它再轉給你的銀行，
看看你帳戶裡的資金是否足以支付這張支票；若是，資金就
會從你的銀行轉到我的銀行，然後再到我的帳戶。在這種情
況下，銀行顯然就是可信的中間人。

現在，我們假設你正在網路上買東西，可信的中間人是
你的信用卡公司、賣家的商人銀行（處理信用卡交易的銀行）
和賣家的銀行。

可信中間人的問題在於，有時候這種信任會被有意或無
意地背叛。這些可信的中間人有多值得信任？我們再以銀行
為例。

除了製造各種收費名目，銀行也會製造錯誤。這類錯誤
包括導致你帳戶餘額不正確的處理錯誤、你未授權的交易、
不應收取的額外費用等。

如果你玩過「大富翁」，你可能還記得有張命運卡，上

面寫著：「銀行作業錯誤，獲得200元。」太好了！然而，如果發生在現實生活，你把這200元花了，就可能得「立刻坐牢」。真的。如果銀行作業錯誤對你不利，又要在一定時間內通知銀行，那祝你不必太過頭痛就能修正這個錯誤。

2016年富國銀行（Wells Fargo）曾發生醜聞，銀行管理人員向員工施壓，要求他們增加銷售和收入以衝高業績，這些員工在客戶不知情或不同意的情況下，蓄意為他們創建了數百萬個新帳戶，導致這些客戶為他們從未啟用或不想要的東西支付費用。

你的錢在銀行裡有多安全？在少數儲備銀行系統中，銀行可以貸出儲戶的絕大部分資金，只留下一小部分支應客戶的提取，這通常是可行的，除非同時有許多客戶要提取資金，導致銀行擠兌。為了預防這種事，你的提取金額及次數可能會受到限制。

說到大銀行，我們常會聽到「大到不能倒」這句話，但那只是因為政府為他們撐腰。倘若像2008年的美國那樣，出現另一場金融危機，那時銀行還會大到不能倒嗎？或者，聯邦存款保險公司（FDIC）會為你提供最高25萬美元的存款保險，只是不知道要多久才能拿回你的資金。如果你的存款超過25萬美元，就只能祝你好運了，你的存款超過FDIC的保險範圍，或許只能自救了。除了接受政府的紓困外，銀行也可能自我紓困：拿你的錢來維持自己的生存。2013年在賽普

雷斯（Cypress）真的發生過這種事，賽普雷斯銀行未投保的
儲戶因此損失了一部分的存款。

你銀行帳戶中的資金也可能被扣押，甚至被凍結。即使
你沒有做錯什麼，銀行只要聲明你的銀行活動「可疑」，就
能凍結你的帳戶。

有鑑於此，你對自己的資金到底有多大的控制權？我們
不是對銀行嗤之以鼻，他們提供了珍貴的服務，讓我們的經
濟保持流動，我們只是指出一些與中心化系統有關的問題。

現在想像一下不需要中間人的遠端交易。我能在區塊鏈上
直接將貨幣轉給你，我不需要相信你，你不必相信我，更重要
的是，我們不必相信中間人，甚至不用和他們打交道。的確，
礦工和驗證者必須處理區塊鏈的交易，但這過程是依據區塊鏈
特定軟體的規則和協議，以程式完成一切，沒有人工干預，從
表面上看，這似乎沒什麼了不起，但在沒有快遞、銀行或中間
人的情況下轉送資金，是一個相當大的突破。

此外，你可以完全控制在你區塊鏈錢包裡的資金，它們
不受繁瑣規則限制；不產生費用；不受潛在錯誤的影響（除
非是你自己的人為錯誤）；100％可用（不受部分準備金限制
或銀行擠兌限制）；不會受制於非自願扣押、其他產權負擔
或凍結；不會被拿去紓困。只要你能完全控制你的錢包，並
保護好你的私鑰，資金就100％是你自己的。第六章我們會
說明如何取得和保護加密貨幣錢包。

先前所述還有個但書，如果你要100％控制你的加密貨幣和其他加密資產，例如NFT，它們必須保存在一個獨立的錢包裡，而不是加密貨幣交易所的錢包裡。舉例來說，如果你的以太幣在你的Coinbase錢包，就像把錢放在銀行裡一樣。另一個提醒是，加密貨幣可能受政府監管，甚至可能禁止，許多國家已分別禁止不同類型的加密貨幣交易，例如中國和土耳其，甚至完全禁止，例如玻利維亞和尼泊爾。

四、速度快：假設義大利人想寄錢給美國人，他們可以郵寄一張支票，郵寄需要一段時間，兌現支票當然也需要時間（可能幾天、甚至幾周）。或者，更快的方式是利用環球銀行金融電信協會（SWIFT）系統進行銀行轉帳，這個網絡涵蓋全球超過1.1萬家銀行和金融機構，平均而言，國際匯款需要兩天以上的工作天才能完成。既然是電子轉帳，為什麼要那麼久？這筆錢要坐郵輪橫跨大西洋嗎？除此之外，你還要支付一筆可觀的國際電匯費用。

相反地，義大利人幾乎可以瞬間將加密貨幣發送給美國人。確切的時間長短取決於幾個因素，例如實際使用的加密貨幣、網路壅塞（因為交易量），以及在某些情況下（如以太坊）你支付的礦工費（gas fee）。本章後面將詳細討論礦工費。

一般來說，加密貨幣交易需要幾秒到幾分鐘的時間，不過有些接收實體需要更長的時間才會認定交易完成，例如Coinbase要求三次確認才會認定比特幣交易完成，這裡的確

認是指交易啟動後添加到區塊鏈的區塊數，增加越多區塊，交易就越安全。因為比特幣區塊大約每10分鐘會加到區塊鏈上一次，因此Coinbase的比特幣交易大約要等待半小時。

五、成本低：區塊鏈的交易成本也（很可能）低於國際電匯費用，例如以比特幣技術為基礎的萊特幣收費就非常低。另一方面，以太坊的礦工費近來一直在上漲，有時可能高得過分，這可能是越來越多人使用以太坊的結果（相當一部分是因為NFT），需要處理的交易越多，需求越高，礦工費便越高。以太坊的礦工費和其他加密貨幣網絡手續費歸驗證者所有——也就是操作處理交易驗證節點的人。

六、匿名：許多人吹捧區塊鏈匿名的特性，因為你在區塊鏈上交易時，用的是你的地址，而不是姓名或其他身分資訊，所以看起來你是匿名的。但真的是這樣嗎？區塊鏈是公共帳簿，任何人都能看到任何交易，或是特定地址的持有物。舉例來說，如果是以太坊的地址，某個人可以看到你在那個地址上持有的所有代幣、每個代幣的數量、代幣發放或收取的時間和數量。請注意，你的加密貨幣地址包含在加密貨幣錢包中，錢包這個應用程式讓你能安全地儲放、發送或接收加密貨幣和NFT。第六章我們會再仔細介紹錢包，並進一步指導你創建錢包。

利用區塊鏈瀏覽器可以搜尋到特定交易和地址，也可以查看該區塊鏈當下的各種資料。用以太坊的區塊鏈為例，有

Etherscan (etherscan.io) 和 Ethplorer (ethplorer.io) 兩個網站，只要在搜尋框輸入地址或交易哈希（ID）就行。所以，如果有人知道某個特定地址屬於你，他們就能知道你持有什麼，你做過什麼交易，但只能查到那個地址的內容。

如果你在交易所（例如Coinbase）購買加密貨幣，交易所知道你是誰。任何交易所產生的交易都可以追溯到你，包括你做的後續交易。例如，如果你在Coinbase上買以太幣，將它傳到MetaMask錢包裡，轉換成WETH，然後在OpenSea上買了NFT，這些交易都能追溯回你在Coinbase的原始交易，然後，Coinbase（以及與Coinbase分享資訊的任何一方）都會知道是你做了這些交易，是你擁有那個NFT。其實也沒那麼匿名，對不對？現在有些方法可以在區塊鏈上變得更匿名，不過那超過這本書的範圍。此外，如果你已經不能理解剛剛說的過程，別擔心，我們在第七章會詳細說明。

七、無通貨膨脹的限制：一個國家的政府和中央銀行要負責維持貨幣的價值，無論貨幣是由金、銀或其他商品支持（貨幣以特定匯率可兌換成金、銀或特定商品），還是像美元一樣，由美國政府的完全信用支持。

美元是法定貨幣，意即它不是由任何商品或貴金屬支持，與任何法定貨幣一樣，它的供應量可以持續增加（印製更多鈔票），使貨幣價值降低，進而導致通貨膨脹。縱觀歷史，有許多因過度印製貨幣導致惡性通膨的例子，例如德國

的威瑪共和國和辛巴威，貨幣幾乎變得一文不值（圖3.2）。

　　相對於法定貨幣，大多數加密貨幣的供應量是有限的，這個限制寫在最初創建加密貨幣的程式裡，無法改變。例如，比特幣的最大供應量是2,100萬顆，一旦達到這個數量，就不會再鑄造了。截至本書撰寫時，比特幣的現行供應量約為1,869萬顆，礦工每次成功完成一個區塊，他們會得到獎勵，也就是區塊獎勵，目前約是6.25顆比特幣。每21萬個區塊，大約每四年，區塊獎勵會減半，因此，預估到2140年前，比特幣都不會到達最大供應量。

圖3.2　辛巴威的100兆元紙鈔

　　如上所述，不是所有加密貨幣都有最大供應量，例如第二流行的加密貨幣以太幣。目前每個區塊只會增加2顆以太幣進入流通，截至本書撰寫之時，大約有1.156億顆。鑑於

以太幣的需求上升，尤其是它還有買賣NFT或其他用途，通貨膨脹的影響不大，其他還未達最大供應量的加密貨幣也是如此。當然，只要那些加密貨幣一達到最大供應量，就會達到零通膨。最重要的是，加密貨幣的價值不會因管理機構的命令而膨脹。如前所述，每個NFT在技術上都是一種加密貨幣，供應量為1，這也是它們的最大供應量。請注意，先前提過NFT的供應量也可以大於1。

NFT的七大缺點

鑒於NFT相對於傳統藝術品、收藏品及其他資產的優點，NFT將繼續存在。NFT為驗證真實性及所有權提供一個完美的媒介，同時還具有先前討論的其他功能性。然而，雖然NFT可能被一些人吹捧為完美的解決方案，事實上NFT並不完美，它們還有幾個缺點需要解決。

高昂的礦工費

我們在討論NFT相關的礦工費（gas fee，也有人譯為瓦斯費或油價）時，指的不是給汽車加油時的油錢，而是在以太坊網絡上的交易費。與加油站的汽油一樣，近來礦工費漲價，並開始失控，讓人望之生畏。

礦工費用以支付礦工（驗證者）在以太坊上處理交易的

費用。一次交易所需的費用基於兩個主要因素：

一、交易的類型：更精準地說，礦工費是基於執行操作所需的計算能力而定。如果是單純轉移加密貨幣，例如將以太幣、另一種代幣或NFT從一個錢包轉到另一個錢包，礦工費會比較低；如果你要在網路上部署冗長的智慧合約，礦工費會高很多。

二、網路流量（有時候稱為壅塞度）。流量越高，創造的需求就越大，費用就越高，不妨想成是高峰時間Uber提高的定價，加密市場很大程度上因為人們對NFT越來越感興趣，逐漸興盛崛起，以太坊的交易量也在增加，連帶著以太坊的普及度和價格也上漲了。就目前而言，廉價礦工費的時代已經結束了。

雖然趨勢上升，但以太坊網絡的流量並沒有以穩定的速度持續上升，網路流量每分鐘、每秒鐘都在波動，所以礦工費也不斷上下。某一天某一筆的礦工費可能是30美元，一天後可能是60美元或更多。

你或許可以選擇，選擇從哪裡進行交易，到選擇哪種程度的礦工處理。舉例來說，如果你從MetaMask錢包送出加密貨幣（我們將在第七章詳細說明），你可以依想要的交易速度選擇支付的礦工費：慢速、一般或快速（圖3.3）。請注意，任何一種交易，礦工都會依各自的礦工費為交易排定優先順序，如果你選擇「慢速」，就可能得等上幾小時。

Transaction Fee:	Slow	Average	Fast
	0.00794 ETH	0.00861 ETH	0.00905 ETH
	$32.93	$35.72	$37.55

圖3.3　MetaMask錢包上呈現的礦工費選項，從左到右為慢速、一般、快速

　　即使你可以選擇，也不保證交易需要多久時間。如果你選擇「快速」，交易很可能馬上完成；如果你選擇「一般」，交易可能會花上幾分鐘。無論如何，在你啟動交易到確定交易的這段期間，礦工費可能就已經上漲，在這種情況下，你所選的「一般」礦工費所需時間可能比預期的長──可能會長很多。

　　希望高礦工費也會很快成為過去的事。以太坊的網絡目前正升級到Eth2（或Eth 2.0），這次升級的結果除了改善其他功能，也將大幅降低礦工費。以太坊網站Ethereum.org上寫著：

　　　　Eth2是一套相互連結的升級，將可使以太坊更具擴展性、更安全、更永續。這些升級來自以太坊生態系多個團隊共同建構。

　　三、其他區塊鏈：記住，以太坊不是唯一能支援NFT的區塊鏈，如前所述，其他支援NFT的常見區塊鏈包括

WAX、FLOW、Tron和幣安智能鏈等等，這些區塊鏈相較於以太坊的礦工費，收取的交易費較低，這也是它們越來越受歡迎的原因。

其他鏈交易費較低的原因在於，他們使用較不耗費資源的方式決定誰能驗證交易。像以太坊和比特幣等區塊鏈使用工作量證明，意即礦工競相解決複雜的密碼謎題（命名加密貨幣的原因），解決問題的礦工贏得機會驗證最後的交易區塊，並贏得區塊獎勵。解答這些謎題需要大量的處理力（稱為哈希算力），你擁有越多哈希算力，越有機會解答謎題，此外，隨著網路上哈希算力總量的增加，這些謎題的難度也會增加，就需要更多的算力才能解答，而難度增加是為了維持區塊之間能維持10分鐘的間隔。

另一類區塊鏈使用持有量證明來決定誰驗證區塊。基本上，驗證者擁有某一種貨幣越多，例如WAX，他越有機會被選來驗證區塊，因為不需要解決密碼謎題，因此手續費明顯降低。先前討論到的Eth2，以太坊計畫改變為持有量證明，這將大幅降低交易費用。

四、側鏈：另一種降低礦工費的方式是使用側鏈（sidechain），也就是與主區塊鏈相連的獨立次級區塊鏈。側鏈可以讓代幣在次級區塊鏈上交易（只要很少或不需交易費），必要時再移回主區塊鏈。例如，在某個NFT商城，你可以在側鏈上免費鑄造多個NFT，只在你想銷售或轉移

NFT，需要將NFT傳到以太坊區塊鏈上才付礦工費。

　　因此，雖然目前礦工費是個問題，但已經有許多方法能降低礦工費，持有量證明的區塊鏈交易費也低得多，等以太坊換成持有量證明，高礦工費或許也將成歷史。

內容儲存的長久性

　　假設你買了一個喜歡的數位藝術NFT，NFT的主要內容是一個非常酷的抽象影片，這也是你購買這個NFT的理由。區塊鏈證實了這個NFT是藝術家創作的，現在由你持有它。但你NFT的內容到底在哪裡？更重要的是，它有多安全？

　　我們之前提過NFT如何存在於區塊鏈上，但它的內容不是。只要區塊鏈一直存在，NFT就是永恆的，但它的內容可能不是。NFT內容的鏈外儲存有兩個主要的方法：可信的雲端儲存供應商和IPFS。

　　IPFS是首選的儲存方案，因為它是去中心化的；內容存在多個位置，只要網絡持續獲得支援（而且所有跡象表明如此），內容就應該是安全的。其他去中心化儲存方案，例如Arweave也已經出現。

　　可信的雲端儲存供應商，例如AWS和Google雲端也是非常出色的解決方案。然而，除非組織一直支付雲端儲存費用，內容才會一直託管在雲端上。如果NFT在大型商城鑄造，這或許不是問題，但誰知道會發生什麼事？不管出於什

麼原因,這個商城可能會倒閉,這是有可能發生的,那麼到時你的NFT內容會怎麼樣呢?

例如,個人藝術家可以鑄造自己的NFT(不是在商城上),然後將NFT的內容存在私人伺服器上。如果伺服器再也不連線,你的NFT內容就完蛋了。

這些場景和之前討論的區塊鏈優點背道而馳──不需要可信的第三方,而提供無信任的對等交易,在本質上就是區塊鏈發明的全部基礎。因為NFT內容不在區塊鏈上,而必須仰賴第三方儲存內容(通常是主要內容),所以NFT不算真正的區塊鏈資產。像IPFS這種去中心化的解決方案最類似於區塊鏈,但商城可能認為利用可信的中心化儲存平台更便宜、更簡單,而不是利用IPFS節點。

對可解鎖內容來說,內容儲存更是個問題。如前所述,在OpenSea上,可解鎖內容只能使用文字,不能是圖片或影片,所以,如果在OpenSea上鑄造的NFT以圖片或影片作為可解鎖內容,那創建者必須提供圖片或影片的連結,連到網路的另一個地方。一般的數位藝術家不太可能會利用AWS或其他可信的雲端儲存供應商或IPFS,圖片或影片更可能放在某個網站,或是在Dropbox上(一個較個人化的雲端儲存供應商)。但如果藝術家不再維護那個網站,或是不再託管、不再用那個Dropbox帳號,會發生什麼事?圖片或影片會消失。

冒名問題

　　騙子喜歡假裝成Telegram管理員，當然也會模仿特定的NFT藝術家或其他NFT來源。在商城中，確認你購買的NFT系列是經過驗證的，這一點很重要，上面常有藍色驗證標誌或相似的標誌。同樣地，這個問題在於你得依賴可信任的第三方。其實這不一定是個問題；只是因為必須依賴可信的第三方，就消除了區塊鏈的主要優勢。

　　驗證標誌雖然有幫助，但它不是一個完美的解決方法，驗證機制可能會出錯，甚至被騙去驗證模仿者。此外，如果NFT創建者不在商城裡，該怎麼驗證？不管怎麼說，即使能證明NFT出處的真實性，你還是需要確認出處是他們所聲稱的那個人。

可能出現額外的複製品

　　NFT是獨一無二的，對嗎？是的，它們是，那是NFT價值的一大驅動力。不過有什麼因素能阻止NFT創建者再用一模一樣的內容製作另一個NFT：同樣的圖片（或其他內容）、名稱和說明？真的沒有。假設你買了一個NFT，1版1號，你覺得很開心，隔天，你看到同一個創建者又出了一個一樣的NFT，現在你不開心了，你認為你擁有獨特的物件，現在不是了，早知如此，你不會付那個價錢，或許你根本不會買這個NFT。

　　某些NFT，例如格隆考夫斯基的「(1-of-1) 格隆生涯精華片段卡」在說明裡寫：「這個NFT僅限一版，永遠不會再鑄造了。」我們相信格隆考夫斯基和他NFT的創建者，那其他你喜歡的NFT藝術家呢？

　　聲稱某些東西是獨一無二的，然後創建另一個相同的物品是詐欺，市場很可能會淘汰這麼做的藝術家，但你仍可能無法擺脫一個你以為是獨一無二，但其實不然的東西。

福利和實物的交付問題

　　如前所述，NFT的說明可能包含福利，例如格隆考夫斯基的「(1-of-1) 格隆生涯精華片段卡」。我們相信格隆考夫斯基，相信創建他NFT的公司會兌現這些福利。

　　但如果NFT創建者沒有兌現福利或實物，你能怎麼辦？你或許可以向售出NFT的商城提出異議，但不幸的是，除了禁止那個NFT創建者，他們也無能無力。

　　福利和實物的這個問題並不是NFT的特質。福利更像是「我們提供的不只如此」的行銷策略，用以增加NFT的價值。再者，雖然實物可能是推動NFT價值的主要因素，但你必須相信NFT創建者會兌現它們，這一點也違背了區塊鏈資產的一大優點：無信任交易。

耗費電力

正如前面討論礦工費時談到的，最受歡迎的NFT區塊鏈
——以太坊網絡上的交易，目前利用工作量證明來決定誰在
挖礦。如上所述，工作量證明需要大量算力，也需要大量的
電力（圖3.4）。

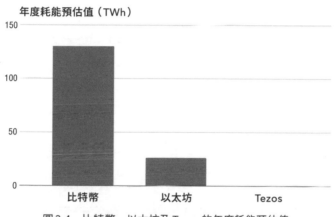

年度耗能預估值（TWh）

圖3.4　比特幣、以太坊及Tezos的年度耗能預估值

如果比特幣是一個國家，就能源消耗而言，它的用量將
介於烏克蘭和阿根廷兩個中等國家之間，以太坊則是像厄爾
瓜多。說到NFT，第一，比特幣和NFT無關；第二，NFT
約占以太坊網絡交易的1%。我個人覺得1%似乎是高估，但
我們先用這個數字，計算下來，每個以太坊交易平均電量估
計為48千瓦，比做一件T恤所需的電量要少。

此外，其他NFT區塊鏈，例如 WAX 和 Tezos 使用持有

量證明，消耗的能量比工作量證明少99％。所以，雖然比特幣、以太坊和其他工作量證明區塊鏈消耗大量能源，並對環境造成影響，NFT在能量消耗僅占一小部分。此外，請記住，以太坊區塊鏈將很快地轉為持有量證明，因此屆時所有NFT只會消耗很少的能量。

具有區塊鏈的缺點

雖然去中心化系統，尤其是區塊鏈，具有前面討論過的幾個優點，它們也不是完美的。以下將討論區塊鏈的主要缺點。

一、沒有可以申訴的管道：在去中心化系統中，你幾乎是獨立的，如果你有問題，沒有客服人員可以聯絡。例如，假設你在網路上以信用卡訂了東西，賣家一直沒將東西寄給你，你可以打給信用卡公司，把費用退回來。如果你的信用卡弄丟了或被偷了，你也可以聯絡信用卡公司，以免被詐欺犯盜刷了。

NFT商城是NFT買賣雙方的中心化中間人機構，如果出現問題，你可以向商城尋求支援。然而，根據問題的不同，他們能提供的幫助可能很少（或者沒有）。

如果你在網路上用加密貨幣購物，而賣家沒有把東西寄給你，你只能自認倒霉。所有加密貨幣的轉帳都已經完結，你把加密貨幣（包括NFT）轉出去的當下，就不可能再拿回來，除非收件者自己願意轉回來。

因此用加密貨幣購買NFT時，最重要的是只找有信譽的人。加密世界有很多騙子，在轉出加密貨幣或NFT時必須特別小心。

二、個人責任：利用沒有中間人系統的代價是個人責任，你要對自己在區塊鏈上的行為及結果負責。如前所述，首先，你有責任確定區塊鏈上與你做生意的各方是否可信，你要自己做研究（DYOR）。搜尋評論、在Telegram或其他社交平台上發問，你最好堅持與知名、有信譽的公司或人做生意，要非常小心騙局，如果聽來好得難以置信，那可能就是騙局。

你有責任保證你的加密貨幣和NFT安全，如果有人取得你的網路銀行憑證，並從你的帳戶中轉帳，只要你能及時聯繫銀行，通常在24小時內或許能撤銷這筆交易。如果有人進入你的加密貨幣錢包，轉走你的加密貨幣和NFT，你就只能自認倒霉。保護錢包私鑰的安全是你一個人的責任，好好保護它就不太可能洩露。我們在第六章會討論如何做到

這一點。

此外，如前所述，加密貨幣世界有很多騙子，他們不只會騙你把加密貨幣轉給他們，也會有人索要你的私鑰。

千萬不要把你的錢包私鑰給任何人，記住！

有許多不同類型的加密貨幣騙局，但你應該注意以下幾種常見的騙局：

一、冒牌網站：騙子會花費許多力氣製作和原版網站一模一樣的冒牌網站。首先，要確認那個網址是安全的（網址以https開頭，地址欄有個鎖的圖示）；第二，確認域名完全正確，沒有拼寫錯誤，或是英文的O變成數字的0。同時，在瀏覽器裡輸入網址時也要很小心。

二、冒牌管理員：Telegram 和 Discord 都是很受歡迎的社交媒體平台，加密貨幣和NFT商城都會在其中建立社群和提供更新資訊，它們也可能利用這些平台做客戶服務，讓你能在那裡提問。騙子喜歡偽裝成管理員，使用和特定管理員同樣的檔案和圖片，但使用名稱通常有些微差異，或是最後加了一個字母或句點。你要確認自己對話的對象是真正的管理

員，真正的管理員幾乎不會要你把加密貨幣或NFT轉到別的地方，也不會問你的錢包私鑰。

　　三、假App：除了假網站，騙子多年來一直在蘋果的應用程式商店和Google Play商店製作假的App，但人們還是會受騙。例如在2021年2月，一個人從商店下載了假的Trezor，在一秒內就損失了幾乎畢生積蓄：17.1顆比特幣。這兩家商店想制裁他們，但這些騙子很聰明。所以，一定要確認你下載的是公司（或交易所、或NFT商城等）的官方App，否則你可能會失去你的加密貨幣或NFT。

　　四、詐騙郵件：詐騙郵件和釣魚郵件看來可能和官方郵件一模一樣，甚至是「寄件人」看來都像個合法的郵件地址，你必須證實這些郵件的真實性，如果可能的話，打電話給公司裡的人，或是詢問公司相關的社交媒體頻道的管理員。千萬不要點擊任何與加密貨幣或NFT相關的電子郵件裡的連結，除非你100%確定它的真實性。

　　這些騙局和提示不只適用於加密貨幣，只是在加密貨幣空間裡，一旦犯了錯就可能帶來毀滅性的結果，而且沒有辦法復原。

　　五、潛在駭客：像其他系統一樣，區塊鏈和相關的專案也會受到駭客攻擊，根據SlowMist Hacked統計，與區塊鏈相關的駭客攻擊損失已達145億美元，2020年，駭客攻擊主要發生在三個領域：

- 以太坊網絡上的去中心化應用程式（dApps）遭受了47次攻擊（損失4.37億美元）。
- 加密貨幣交易所遭受28次攻擊（損失3億美元）。
- 區塊鏈錢包遭受許多次攻擊（損失30億美元）。

請注意，這些金額是以2021年1月的加密貨幣價格為計算基礎。

你持有NFT的區塊鏈錢包，或是商城上的帳號都可能被駭客攻擊。2021年3月，Nifty Gateway的一些帳號被駭客攻擊，價值上萬美元的NFT被盜，但被駭對象似乎僅限於某些未經過兩階段身分認證的帳號。幸運的是，這種特殊的駭客並不常見。

如果你不小心，你的區塊鏈錢包也很容易被駭，在第六和第七章，我們會告訴你如何保護你的帳號和區塊鏈錢包。這是必要的，因為如果你被駭了，就沒辦法找回你的NFT了。

請記住，代幣也可能直接被駭客攻擊。例如在2021年3月，PAID代幣的智慧合約遭到破壞，一名駭客自己鑄造了近6000萬顆代幣，其中大部分被那個人傾倒至市場上，獲得300萬美元（圖3.5）。

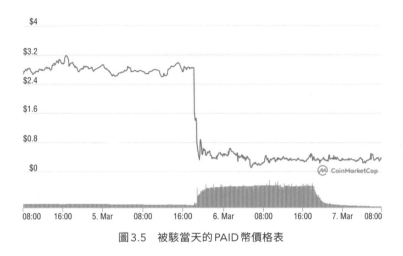

圖3.5　被駭當天的PAID幣價格表

　　幸運的是，PAID團隊做了正確的應對，他們盡可能團結投資者，代幣後來似乎已經恢復正常了。其他專案就沒那麼幸運了。

　　六、潛在攻擊：區塊鏈可能遭受51％攻擊。一群礦工（驗證者）控制超過50％的算力，在這種情況下，這個控制集團可以停止一些用戶或所有用戶的交易，或者更重要的是，逆轉近期的交易，讓他們可能承受雙重支出。2018年，比特幣黃金（BTG）遭受51％攻擊，雙重支出的金額達到1,800萬美元。

　　七、廢幣：有許多區塊鏈被他們的創始人遺棄，也稱為死亡幣。由於缺乏資金、交易量不足、沒有足夠的礦工或驗

證者處理交易、一開始就是場騙局或是上述情況的任何組合，專案都可能被放棄。

八、價格波動：加密貨幣的價值純粹基於市場力量，這可能導致價格大幅波動。加密貨幣沒有聯邦準備系統或其他監管機構來制定利率或政策來穩定幣價，它經常受群眾心態影響，某一個貨幣因為某個好消息而開始上漲時，FOMO心態可能會爆發，進而使價格飆漲。

反之，如果貨幣或代幣的價格因壞消息下跌，就可能引起恐慌性拋售，然後就毀了（rekt，區塊鏈術語裡的「毀滅」）。此外，對低交易量的貨幣或代幣而言，不需要太多交易量就能使價格大幅變化，同時還存在許多巨鯨（擁有大量特定貨幣或代幣的人）有能力操作幣價。

還有典型的「抽銷陰謀」（pump-and-dump scheme），一群人合謀購買某個貨幣或代幣，然後大力推銷，利用FOMO控制了局面，導致價格上漲，最後再以他們預定的價格，賣出他們的貨幣或代幣牟利，留下其他人成為被割的韭菜。

如果你要創建、銷售或購買NFT，你要進入加密貨幣的世界，都要小心（很有）可能會有的大規模幣價波動。

我們已經討論過數位資產和NFT有價值的理由，我們再來談談影響NFT價值的外在力量。

影響NFT價值的外在力量

我們從一個問題開始：「羅根・保羅（Logan Paul）的NFT為什麼能賣500萬美元？」這個故事始於一個YouTuber和一段特別的影片，一段迅速成為NFT最大銷量的影片。

保羅因新奇的YouTube影片而聞名，其中著名的有他與拳擊名人的對打，以及最經典的佛洛伊德・梅威瑟（Floyd Mayweather）對戰，他在2020年10月製作一段名為「開箱20萬美元第一版神奇寶貝盒」的影片。

和其他YouTube的影片一樣，誘餌式標題能換來點擊量，而這個誘餌式標題也發揮作用了！直播影片吸引超過30萬直播觀眾，截至目前已累積1,100萬總瀏覽量。這個活動同時為精神疾病籌集了13萬美元。

顯然，這個標題引起人們的興趣。「一個20萬美元的神奇寶貝盒裡可能裝著什麼，為什麼有人要花那麼多錢買紙板做的圖片？」

每個盒子裡有36包卡片，每包卡片有10張神奇寶貝卡，但買家想要的不是這360張卡，而是其中的一張卡，或一種卡：神奇寶貝3D閃卡。這些卡很稀有，比一般卡更加珍貴（看起來也酷多了）。如果你夠幸運能抽到一張噴火龍3D閃卡，它可能價值35萬美元。此外，第一版的盒子是20多年前做的，在神奇寶貝紙牌遊戲的最初，這增加了它的稀

缺性。

顯然，神奇寶貝系列不需要保羅的幫忙就能大賣，神奇寶貝以近 1,000 億美元的總銷售額，高居全球跨媒體製作收入榜首，甚至擊敗了《星際大戰》（*Star Wars*）、《米老鼠》（*Mickey Mouse*）和《超級瑪莉》（*Super Mario*）。

儘管對神奇寶貝系列的興趣從未消退，保羅的影片強化了人們對可收藏卡片的興趣，並使熱潮再次沸騰，他的影片大大影響了這些第一版盒子的轉售市場。

在保羅的影片之後，第一版盒子的轉售市場迅速膨脹，任何有幸在幾年前買到這些盒子，而且一直未打開的人都可能以 30 萬到 40 萬美元售出。作為參考，2007 年第一版盒子的售價約為 500 美元。

自然，保羅想在開箱影片的成功基礎上更進一步，他在開箱下一個第一版盒子時結合公開拍賣和 NFT 發售，舉辦了更大的活動。

大約四個月後，在 2021 年 4 月，保羅宣布即將推出另一個第一版神奇寶貝盒開箱，但這一次，其他人也能參與其中，並可能和他一起從神奇寶貝收藏中獲利。

保羅拍賣了盒子裡的 36 包卡片，得標者不只能拿到包裝裡的卡片，還可以得到一個保羅的「第一拳」（1st Break）NFT。

這次拍賣進行得很順利，每包以平均 3.8 萬美元的價格

出售，總價超過100萬美元，對一個30萬美元的盒子來說，這個投資報酬率還不錯。

為了讓其他人也能參與，他推出3,000個「破箱者」（Box Breaker）NFT，每個價格為1顆以太幣。買家可進入抽獎，三名中獎者可隨機獲得36包裡的其中一包，然後飛到加州工作室參加現場開箱。

據估計，這些1顆以太幣的額外「彩券」NFT共賣出2,500張，真是搶錢了。雖然很難確認他在整個NFT空投中得到的確切收益，但大多數人估計約為500萬美元。

問題仍然是：人們買保羅的NFT，是因為他身為創建者的身分，還是因為他的社會價值會繼續成長，進而帶動他的NFT價值？或者，他的「破箱者」NFT的價值，完全是由另一個更受歡迎的現有收藏品——神奇寶貝卡來決定的嗎？

有人可能會說，這不算是真正的NFT銷售，而是神奇寶貝樂透，只是以NFT發售彩券。保羅的NFT自首次發行後就價值爆跌，更是強烈地證明這個論點。許多「破箱者」NFT以原價的十分之一，甚至百分之一出售。

我們可以從中學到什麼？

- 許多創建者傾向於用實體的體驗提高他們NFT的價值。如第二章所討論的，多數NFT商城允許可解鎖內容或福利，例如NFT銷售時可包含額外的實物商品。

利用這些特點，有助於使NFT增值。

．NFT的價值是不穩定的，NFT背後的技術能防止詐騙和造假，以及控制供應量。然而，個別NFT的需求總是會發生變化，保羅的NFT就是如此，當可解鎖內容和實體體驗都用完了，NFT的價格就會下跌，因為假定的價值是包含在實體可解鎖內容裡。

我們講這個故事是為了說明傳統收藏品和數位收藏品市場的交互作用，NFT的價值是否會繼續升值，界線仍十分模糊，對許多跳入這個領域的創建者而言，他們非常依賴實物收藏品歷史上的成功經驗，並將之轉化為數位收藏品。

在許多情況下，光是一個人的NFT無法引發足夠的需求，因為誰能知道需求會不會隨著時間增加？因此，也無法保證NFT的價格會上漲。因此保羅和神奇寶貝的搭配一方面是聰明的做法，另一方面則和NFT的目的相對立，即NFT應該是數位資產。

雖然在本質上，NFT背後的技術讓它們具有稀缺性，也因此讓它們擁有價值，但哪個NFT或哪個NFT創建者能持續保持高需求量，仍然沒有規律或理由。如前所述，收藏品的價值大部分取決於市場需求，越多人想要某個東西，它的價格就越高。

理想上，保羅繼續打破壁壘，成為一名創建者（和拳擊

手）；理論上，他的NFT收藏卡應該會像他個人品牌的成長般漲價，但NFT市場仍有太多未知數，無法確定NFT的價值是否會隨著人們的創造和收藏而成長。市場將決定一切。

四

NFT的發展起源

　　談到任何事物的歷史源頭，我們很難在時間軸上指出一個明確的時間點，認定「這就是那件事物的開端」；相反地，改變是由許多時刻促成的。這些微小的時刻在交會之前毫不相干，直到交會了才開創出特別的事物。

　　對於NFT而言，發展史可以算是相當模糊。從2008年第一個區塊鏈建立開始說起並不正確，因為這樣就忽略了數位藝術幾十年來至今如何促成NFT的發展；只涵蓋數位藝術而忽略了其他的藝術運動也不公平，因為是其他的藝術運動改變了藝術收藏家的背景，也擴大了收藏藝術的族群。

　　安迪‧沃荷（Andy Warhol）與普普藝術（Pop Art）的故事、Beeple與其賽博龐克（Cyberpunk）作品的傳奇，當然還有數位藝術創新者們豐富的經歷，都在NFT發展史中扮演至關重要的角色。

安迪‧沃荷的普普藝術

　　1950年代，《康寶湯罐頭》（*Campbell's Soup Cans*）和《瑪莉蓮雙聯畫》（*Marilyn Diptych*）誕生的幾年前，在紐約一家名為「緣分」的咖啡館，你會看到安迪‧沃荷一邊以他的畫作換取西點和冰淇淋，一邊看著紐約市的名人菁英。

　　距離麥迪遜大道不遠處，安迪‧沃荷將目標放在廣告業。出身於經濟大蕭條時期的斯洛伐克移民家庭，安迪‧沃

荷自小家境貧窮，窮到他的母親會用番茄醬加水來代替番茄湯罐頭。他也對戰後資本主義崛起相當著迷，因為工廠生產線製作的產品，讓最不幸的人也能取得品質良好的物資。

之後，安迪‧沃荷說：

> 美國之所以偉大，在於它開啟了一個趨勢。在這裡，最富有與最貧窮的消費者，基本上都購買同樣的商品。你看著電視，看著可口可樂，而你知道美國總統喝可口可樂、伊莉莎白‧泰勒喝可口可樂，然後想想，你同樣也可以喝可口可樂。可口可樂就是可口可樂，沒有更多的金錢能夠讓你買到比街角流浪漢正在喝的可口可樂更好的可口可樂。所有的可口可樂都一模一樣，所有的可口可樂都一樣好。

消費者主義正在成形，而安迪‧沃荷也想參一腳。

安迪‧沃荷藉著為《Glamour》時尚雜誌和珠寶公司蒂芙尼（Tiffany Co.）等客戶提供雜誌及廣告中的插畫，在麥迪遜大道獲得成就。他的商業藝術作品集在廣告人及消費者之間頗受盛名，甚至擴展到可以舉辦一場遺作展，名為《普普藝術之前的安迪‧沃荷》（*Warhol Before Pop*）。

但隨著銀行存款增加，他的野心也增加了，他想要在純藝術界中獲得尊重，而不想只被當成一個商業插畫家。

　　儘管闖出了名堂，安迪‧沃荷並非一開始就以藝術家的身分聲名大噪。他的第一個展是在加州好萊塢西區的費若斯藝廊（Ferus Gallery）舉辦，主要展示作品是現今經典的32幅《康寶湯罐頭》。當時他僅賣出了其中一幅，另外有四幅已被預訂。該說是有先見之明或是運氣好呢？其中一位藝廊老闆艾文‧布朗姆（Irving Blum）決定取消那四幅已預訂的畫作，並將賣出去的第五幅作品買回來。他之後跟安迪‧沃荷達成協議，以分期付款的方式，每個月支付100美元，共支付十個月，買下全部作品。大約26年之後，紐約現代藝術博物館以1,500萬美元買下了整個收藏。

　　這場展之後，安迪‧沃荷繼續精進他的技能，且風格傾向當時正在如火如荼進行的普普藝術運動。

　　「普普藝術」的獨特之處在於，它是第一個邀請每個人來參與並欣賞的藝術。普普藝術拒絕菁英文化，而是使用大眾文化取而代之作為靈感來源：漫畫角色、受歡迎的大眾廣告、大量生產的商品等，都是普普藝術的主體。

　　普普藝術是第一個一般人也可參與的藝術運動，關於這點，安迪‧沃荷再清楚不過了。

　　安迪‧沃荷持續創作，作品反映這個消費主義興起的社會。他的靈感來自商業藝術與大眾文化中的影像，將重點放在美國環境中最熟悉或最平庸俗氣的元素，並稍稍改變這些元素，以另一個角度呈現。

《康寶湯罐頭》、《瑪麗蓮雙聯畫》、《可口可樂瓶》（Coca-Cola 3）、《三重貓王》（Triple Elvis）、《布瑞洛盒》（Brillo Box），以及許多其他作品都是如此「平易近人」的藝術。他建立了一個保守且神祕的名人形象，藉此來凸顯他的藝術作品，也讓身邊圍繞著藝術家與名人。所有的這一切幫助他成為一個活生生的偶像，而自己也成了一個普普藝術作品。

雖然普普藝術大多以諷刺風格為主，但在安迪‧沃荷的藝術作品中並不會感覺到諷刺的意味；反之，他的目標是要藉著凸顯我們日常生活中會遇到、卻不會花時間去注意的圖像，來拓展藝術欣賞的領域，例如包裝標籤、名人、災難照片等都是他的主題。

安迪‧沃荷的風格接續了藝術家杜象（Marcel Duchamp）的「現成物」（readymade）概念，這種藝術風格是將生活中不假修飾的物件或產品，通常在加以改造之後，進而創造成為藝術，而這些物品通常並不會被認為是藝術作品的來源。

同樣地，安迪‧沃荷的普普藝術提醒著我們生活周遭的藝術，讓我們必須將社會中的產品視為藝術。他的藝術作品主題可能是一個熟悉的人物、一件家庭用品，或是一張每個人在新聞中看到的圖像，安迪‧沃荷成了改編藝術的人。他取用我們所消費的圖像、複製這個圖像、添加炫目的色彩，最終創造出一個作品：主題熟悉得你可以馬上一眼認出，但

又新鮮得需要你再仔細瞧瞧，因為還有些巧思在裡頭。藉著凸顯消費者主義，他將我們這些如同資本主義機器裡的齒輪的人們，放入藝術作品中，也因此揭開了周遭環境的面紗，讓我們能更貼近地觀察。

幾十年後，安迪・沃荷的美學仍舊讓許多甫踏入藝術領域的人作為簡易的藝術欣賞入門，他以簡明易懂的想法，抹去了技術性的細節與深度──幾乎就像是在對他早期的廣告業生涯致敬。

安迪・沃荷的成就促成了許多不同的創新：

- 讓藝術家的形象從理念及創作者轉為單純的藝術設計者，不論藝術家是否是真的拿筆在紙上作畫，或是實際在帆布上刷上油彩。
- 許多人認為，安迪・沃荷是最早預見接下來將出現的電視實境秀及個人品牌運動的人。

然而，在我們心中最要感謝安迪・沃荷所留下的事物、也是NFT今日成功發展的原因，就是安迪・沃荷新鮮且新穎的想法，是他讓我們了解什麼樣的事物能夠繼續以藝術的方式傳遞下去。

安迪・沃荷雖然不是普普藝術的創始者，但他迅速地成為贏家，成為這個主題的代表人物。

普普藝術造就了藝術欣賞民主化。由於普普藝術作品的主題包含一些流行文化元素，所以一般消費者都可以馬上辨認出藝術作品中的主題是何人何事。不需要任何前導知識，只要會消費，只是單純購買布瑞洛（Brillo）菜瓜布、看日常的漫畫或是去看電影，就懂得欣賞普普藝術。

沒有這項運動，就不會有今天這麼多不同收入族群的藝術收藏家，我們所認為「可以增值的藝術品」種類就不會如此廣泛。從這一點來看，我們也可以與現今的狀況做連結：新興的NFT社群及數位藝術收藏，如NBA Top Shot、保羅的神奇寶貝開箱、謎戀貓，甚至美國藝術家Beeple的NFT就不會存在──這些都可以被歸類為普普藝術。

無庸置疑的是，我們欠安迪・沃荷的想法及遠見一個感謝。安迪・沃荷從不受媒介局限，從絹印、版畫到攝影、錄影，甚至是影印機，他都可以用來創作藝術。然而較鮮為人知卻值得提及的技巧，是他對早期數位藝術技術的興趣。

當時是1985年，康懋達（Commodore）電腦公司在紐約的林肯中心，公開其新的Amiga 1000個人電腦。為了要比蘋果在1984年無人能敵的麥金塔廣告更勝一籌，康懋達請了安迪・沃荷與黛比・哈瑞（Debbie Harry）來實際展演這台電腦的ProPaint繪圖功能。

活動進行了大約了四分之三時，安迪・沃荷坐在Amiga電腦前，快拍了一張哈瑞的數位影像，上傳到Amiga電腦，

然後開始用類似製作《瑪莉蓮雙聯畫》的方式，數位調整她的肖像。大約一分鐘後，這個數位肖像畫就完成了。

Amiga的駐點藝術家傑克·海格（Jack Hager）接著問了安迪·沃荷：「你之前都用哪台電腦創作呢？」安迪·沃荷回答：「喔，我之前沒用過電腦創作，我一直在等這台電腦的出現。」

觀眾事前並不知情，而且這看起來似乎就是個典型的名人代言，但實則不然。安迪·沃荷不僅受邀來行銷這項新的技術，他自己也在閒暇時間使用這個技術。

安迪·沃荷使用Amiga 1000創作了一支名為「非你莫屬」（You are the One）的短片。這支短片有20張瑪麗蓮·夢露（Marilyn Monroe）在1950年代新聞紀錄片段中的數位化影像，而安迪·沃荷運用Amiga操作處理這些影像並搭配音樂。

安迪·沃荷逝世後，他的Amiga電腦及3.5磁碟片就被存放在安迪·沃荷博物館（Warhol Museum）中，雖被世人遺忘，但從未消失。將近30年過後，卡內基美術館（Carnegie Museum of Art）突發奇想，要實際復原安迪·沃荷的數位藝術作品。藉由精密的修復工程技術，工作團隊讓安迪·沃荷20幾張從未公諸於世的數位藝術作品重見天日。

儘管不幸的是，安迪·沃荷來不及見到數位藝術在藝術領域中獨領風騷的時代，但他的貢獻僅是數位藝術經典中的

一個小故事。

　　假使安迪‧沃荷晚一個年代出生，我們一定也可以想見他走上與Beeple一樣，在過去15年所創作出的藝術之路。

當Beeple的賽博龐克遇上NFT

　　藝術家在過世之前收到花束是很少見的，要一個初生之犢、毫無名氣又滿嘴粗話的電腦宅，成為整個數位藝術運動的代表人物，那更是罕見，更不用說在上流社會的佳士得拍賣會上，以超過6,900萬美元的價格賣出一幅藝術作品。

　　「一個人和一台電腦能做什麼？對我而言這一直是很酷的概念，因為這也是某種型態的等化器。」Beeple在與《紐約客》（ *The New Yorker* ）雜誌訪談中表示。

　　Beeple出身平凡，來自美國中西部的威斯康辛州，早期就讀普渡大學（Purdue Univiersity），主修電腦科學，目標是學習如何寫出電玩遊戲的程式，但他很快地發現自己並不是專注在學校課業，而是努力試驗自身的理念想法。辛苦地完成了學位畢業之後，他進入電腦技術的世界，成為了網頁設計師。

　　他對電腦及藝術的著迷，在閒暇時間有所交集，他最先有所成就的動態圖像領域是幫DJ創作影像迴圈。想像一下你在電音音樂節時看到的抽象圖形與燈光。身為一個DJ新手，

他為自己設計這些影像，但最後也開放大眾免費下載實驗。

只靠自己與他的電腦，Beeple對於一個人能在電腦上運用建模及視覺效果軟體（例如Cinema 4D）所創造出的虛擬世界及數位創作作品十分著迷。他擁有技術實力可以一頭栽進這些工具中，但他缺少美感能力，他需要學習如何繪圖。

大概2007年時，Beeple從素描藝術家湯姆‧朱德（Tom Judd）獲得了靈感，就是每一天都創造一個作品——藉由每天從零開始完成一幅作品，逐漸進步的概念，就是他想要的。

因此，Beeple的「每日」系列誕生了。

「每日」系列第一年的創作中包含了速寫、自畫像以及塗鴉，之後，我們今天所認識的「Beeple_Crap」開始成形。他開始在觀眾的眾目睽睽之下學習繪圖軟體Cinema 4D，每一天都有所進步。

賽博龐克成為了他的「每日」系列中的主題——使用市面上最好的動態圖像軟體，建構烏托邦及反烏托邦的靜態圖像。

賽博龐克美學的支持者社群蓬勃發展，年齡層大至1960年代出生的人。相較於早期科技支持者的許多烏托邦夢想，賽博龐克處於鮮明的對立面，看的是反烏托邦的未來場景——時常將科技進展與極端的社會秩序元素拼湊在一起。

源自於無法抵擋的科技進展，賽博龐克是為了我們現今所生活的社會而生，而且也只有隨著我們的進步，才會更加

貼近現實。進一步來說，賽博龐克也受惠於過去幾十年來的藝術性發展，讓這個主題獲得了廣大的觀眾群。

從美國科幻小說家菲利浦・狄克（Philip K. Dick）及美籍猶太人科幻小說作家以撒・艾西莫夫（Issac Asimov），到雷利・史考特（Ridley Scott）的《銀翼殺手》（*Blade Runner*）、經典的漫畫電影《阿基拉》（*Akira*）、《駭客任務三部曲》（*The Matrix Trilogy*）、《關鍵報告》（*Minority Report*）、網飛（Netflix）的《黑鏡》（*Black Mirror*）系列，以及上千種其他的作品，我們的社會還想要更多的賽博龐克，好像我們偏愛消費離現實似乎更近的反烏托邦噩夢，而不是烏托邦的遠景。

Beeple選擇這樣的美感來構築他的「每日」系列再好不過了。

不管狀況如何，Beeple持續每天都從頭開始創作。沒有事先規劃或事先創作，懶散的時候也沒有作品存檔可以耍賴。就是靠著一個人與他的電腦。美國媒體品牌The Futur創辦人克里斯・杜（Chris Do）將Beeple的過程與每年跑365場馬拉松的麥可・夏塔克（Michael Shattuck）相比。

Beeple在創作超過5,000張「每日」系列的作品之後，創造了人類數量最多的典藏數位藝術作品，在分享「每日」系列的過程中也累積了許多喜愛賽博龐克的觀眾。他從來不是一個會自誇或對自己的作品自吹自擂的人（這也是威斯康辛

人的性格），Beeple 還是說自己的動態設計「差得可以」，但瀏覽他的作品典藏，你可以看見一個藝術家的成長。

Beeple 的「每日」系列讓他以商業設計師成名 —— SpaceX、蘋果、Nike、LV、超級盃（Super Bowls）、演唱會，只要你說得出來的，都是他合作過的廠商。Beeple 只是單純做自己喜愛的事情，便創造了自己的職涯。

在 NFT 出現以前，這就是數位藝術家的生計：創造超凡的作品以獲取大公司的認可來做廣告行銷。

過去幾年左右的時間，Beeple 的「每日」系列開始變得越來越古怪，想不出更好的字眼來形容（圖 4.1）。他的作品包含在哺乳的川普（Donald Trump）、被機器吸出內臟器官的米老鼠、巨大赤裸的馬斯克（Elon Musk）騎著一隻巨大的狗狗幣標誌——柴犬。他沒有偏離賽博龐克美學，但是他混和了一些大眾文化的角色，來創造出一種寫實噩夢的感覺。

圖 4.1　三幅 Beeple 的作品：國家的誕生（Birth of a Nation）、迪士尼世界 2020（Disneyworld 2020）、非同質性馬斯克（Non-Fungible Elon）

在與《紐約時報》（*The New York Times*）Podcast節目「Sway」的主持人卡拉‧絲威舍（Kara Swisher）的專訪中，Beeple如此形容他的藝術：

> 我想反映的是，科技帶來了一些詭異的事情，一些超乎預期的結果，而我相信這種狀況只會加速發生。我認為川普就是科技帶來的一個非常詭異、不經意且出乎意料的結果。

他的作品以賽博龐克為主，而賽博龐克的微妙之處，現在已經轉移到我們所有人居住的這個世界上。就如同安迪‧沃荷的普普藝術檢視當時成形的消費主義一樣，Beeple的賽博龐克藝術，就是檢視在生活中各個面向成形的科技主義。

Beeple並沒有處在加密貨幣、區塊鏈或是NFT的浪潮之前，他是剛好在對的時間出現。

2020年10月，Beeple釋出他的第一個NFT，賣出了66,666.66美元（而且之後轉賣更是賣出這個價格的一百倍，660萬美元）。2020年12月，跟著之前的腳步，他出了一系列的作品，賣出了350萬美元。再過幾個月後，佳士得拍賣便與MakersPlace（一個NFT交易平台）合作，聯繫Beeple推出一個NFT商品。佳士得說服Beeple將「每日」系列中最一開始的5,000張作品包裝成一個NFT，而這個作品之後賣了

超過 6,900 萬美元。

我們認為，Beeple 的「每日」系列是這種等級的交易中最完美的收藏。為什麼呢？因為 Beeple 是一個源於數位世界的藝術家，他接近科技是為了要創造藝術，之後又將他的藝術專注在檢視科技，最後用革命性的新興科技去銷售他的作品……這就是一個完美的故事。如果最大的 NFT 交易是來自於一個已經有地位名氣的藝術家例如傑夫·昆斯（Jeff Koons），那還會這麼令人眼界大開嗎？絕對不會。

賽博龐克大概是進入 NFT 世代最完美的主題，因為這種藝術風格直接檢視許多用來創造、行銷及販賣 NFT 的科技。這樣的美學比任何過去的美學都更貼近現實，因為幾乎所有我們的行為都受到演算法的影響，且我們沒有一分鐘是不需要科技的。

Beeple 堅持賽博龐克的先見之明非常理想。他最終從中受益，13 年來一直保持動力持續創作，也創造了相當大量的作品典藏。

不論他喜不喜歡，Beeple 現在已經是 NFT 的海報寵兒，就如同安迪·沃荷是普普藝術的海報寵兒一樣。理想上來說，他不間斷的創作會為各地數位原生藝術家掀起浪潮，就像 Beeple 一樣，藉著為客戶創作的作品，或將他們的數位藝術作品輸出到實體媒介上來賺錢。

雖然 Beeple 是擁有數位藝術目前最高交易額的人，但若

因此而忽視數位藝術的豐富歷史，或粉飾過去對於數位藝術家的不敬是很不公平的。過去幾十年來，此種媒介都被認為不是「真藝術」，而所有使用此種媒介的藝術家容忍了這些貶抑幾十年之久。數位藝術的故事，要回溯到比Beeple決定創作他第一幅「每日」系列的作品還要更久以前。

數位藝術的故事

什麼是藝術？ Google搜尋會跳出100萬個不同的答案，準確來說是130億筆答案。簡單的事實是，這130億筆答案中，沒有單一個答案會給藝術一個公平的解答，因為每一個定義都會顧此失彼。似乎只要定義藝術，我們就隨便給了一個個體機會，讓他可以展現我們從未想過的另一種形式的藝術。

幾世紀來，藝術就是圖畫、壁畫、雕像、音樂以及詩集。較廣泛的定義可能還包含完美無瑕的建築，例如帕德嫩神廟（Parthenon）或是吉薩金字塔（Pyramids at Giza）。

之後，杜象翻轉了這個概念，認為藝術家是可以指向一件事物，並說「那是藝術」的人。而他自身做了一個示範：將一個馬桶放在一個藝廊。之後，安迪・沃荷又反轉了這個概念，將矛頭指向我們自身，大致是認為我們人類群體的行為就是一種藝術形式。他接著說：「藝術就是你可以為所欲為。」而就在我們以為我們已經囊括了所有事物時，連食物

也變成了藝術，米其林星級餐廳開始展現食物如何成為呈現創意的媒介。

每個時期的藝術家都盡力去打破框架，讓社會看見某些不舒適的空間——那些我們從未認為是藝術的領域。儘管整個文化都是源於塗鴉藝術，也就是嘻哈文化和滑板文化，但直到巴賽爾藝術博覽會（Art Basel）聘請塗鴉藝術家將整個邁阿密城市畫滿之前，塗鴉藝術都還沒有被全然認可。

藝術的故事就是打破疆界的故事，一個有遠見的人做出一件不同的事情，便把那件事稱為藝術。藝術界要不就是尊重他、仿效他，要不就是把這個做法置之不理。但最終，所有形式的藝術表達，不論多麼怪模怪樣，總會有所出路。

對於數位藝術而言，獲得支持者社群的時間並不長。直到今天，數位藝術仍然很難證明其在社會中的價值。儘管如此，數位藝術的故事仍是NFT的史前史，因為沒有數位藝術，NFT今天就很可能無法存在。

數位藝術的誕生

1950年代初期，在英國曼徹斯特的軍需用品店內，有個名叫戴斯蒙·保羅·亨利（Desmond Paul Henry）的男子，碰巧見到了一台狀況極佳的史貝瑞（Sperry）瞄準器電腦，這台在二戰期間研發出的電腦會被固定在轟炸機上，用來決定何時才是發射砲彈以擊中目標的最佳時機。1950年代以前，

在戰場上這台電腦是過時的科技，但在藝術世界裡，卻是新穎的工具——至少，亨利是這麼認為的。

亨利在整個1950年代微調史貝瑞電腦，同時讚嘆它的結構。最後，他想盡辦法想展現這台電腦的能力。為此，他將一台繪圖機（plotter，其實就是在機器手臂端上的一支筆）固定在機器上，然後開始逐漸修正機械，看看機器能畫出什麼。

不同於之後1960及1970年代使用演算法所產生的藝術作品，亨利的繪圖機全倚賴「機械的機運」——也就是說，繪圖機與機器之間的機械元素。例如，一顆鬆掉的螺絲就可能大幅改變最終的結果。

因為他的電腦不能事先程式化或儲存資訊，所以每一張圖都是隨機繪成的。他可以改變機器的機械元素，但這樣的改變會如何影響繪圖，他完全沒有頭緒。如此不精確的結構，代表亨利的創作永遠不能夠複製或大量製作，每一幅作品都是全然獨特的。亨利繪圖機（Henry Drawing Machine）製作的第一張藝術作品如圖4.2所示。

不覺得這幅作品很像你可能會隨意在一間藝廊看到的抽象畫嗎？還有數十個行家圍著作品，分析這張作品背後的藝術家觀點。

圖4.2　亨利繪圖機的第一幅藝術作品

　　很不幸地，事實並非如此。過去將這樣的藝術稱為「電
腦藝術」，而「電腦藝術」在過去並不特別被藝術界重視。可
能是因為電腦是無生命的機器，整天只是運算數字，或是電
腦跟工廠生產線上製造可口可樂的機器相似，又或者是因為
電腦藝術的創作者都是對細節著迷的書呆子，而那些細節根
本無人理解、不甚重要，當時活躍的藝術家也不想討論。

　　不論原因如何，電腦藝術數十年來都是藝術世界的遠房
繼表親。「這不是『真正』的藝術」，是對於這種形式的創作
最普遍又最荒謬的回應。

　　儘管有這些反彈的聲音，相信電腦藝術的人還是一同創
造，也形塑了他們的支持群體。

　　1967年，非營利的「藝術與科技實驗」團體（Experiments in Art and Technology, E.A.T.）在前一年一系列的表演之後成立了。表演名稱是「九個夜晚：劇場與工程設計」（9 Evenings: Theatre and Engineering），這個表演包含了10位現代藝術家與30名來自貝爾實驗室（Bell Labs）的工程師及科學家的共同合作，展演新科技融入藝術的使用。

　　1968年，英國倫敦當代藝術中心（Institute of Contemporary Arts in London）舉辦最具影響力的早期電腦藝術展，名為「數位神經機緣」（Cybernetic Serendipity）；同年，電腦藝術協會（Computer Arts Society）成立，提倡在藝術作品中使用電腦。

　　1960及1970年代，許多數位藝術的創作都仰賴數學，使用早期的演算法及數學來創造抽象藝術。數位藝術幾乎只限於想把科技推到極限的工程師，或是少數有前瞻思維，想嘗試新型態創作的藝術家。

　　藝術需要通曉所使用媒材的技術背景，也要了解藝術構成。不論媒材是在帆布上的蠟筆、紙張上的石墨，或是大理石上的鑿刀，了解原料如何反應在素材表面上並不困難，只是需要學習。

　　早期的藝術需要了解媒材，在當時也就是了解電腦如何運作。因此，許多早期的數位藝術家是電腦程式設計師。

　　1984年，結構性的改變發生了，改變的不僅是「如何」

創造電腦藝術，更重要的是——「誰」可以創作電腦藝術。

史帝夫・賈伯斯（Steve Jobs）在蘋果第一個重大的發表就是麥金塔電腦，此電腦的主要優勢就是「圖形使用者介面」（Graphic User Interface, GUI）。GUI 極為重要是因為它們透過圖像及視窗展現運算，讓一般人可以與電腦互動。更不用說麥金塔的使用者只需要195美元，就可以購買MacPaint，然後就可以創作他們自己的數位藝術。個人電腦賦予每個藝術家創作數位藝術的能力，就如同我們在這個章節之前所提的，康懋達在隔年跟隨蘋果的腳步，出了Amiga 1000以及Deluxe Paint繪圖軟體。

接下來的10年，專為創造數位藝術的圖像軟體如雨後春筍般出現，例如1988年的Adobe Photoshop和1990年的Corel Painter。之後在1992年，Wacom創造出第一台平板電腦，讓使用者可以透過無線觸控筆與電腦互動——數位藝術家的夢想成真。

因為軟體讓創作數位藝術變得更容易，有更多藝術家開始使用這些工具並且組成社群來分享他們的經驗。奧斯丁數位藝術博物館（Austin Museum of Digital Art）在1997年成立，整個館內展示及提倡數位創作。幾年過後，這個數位藝術博物館創辦了第一個線上數位藝術博物館；又過了10年，現代藝術博物館終於意識到數位藝術，並創立了數位藝術典藏，裡面囊括超過4,000個數位藝術作品。

隨著這些嶄露頭角的數位藝術社群以及在電影中逐漸增加的視覺效果，加上電玩遊戲中複雜的虛擬世界，代表更多的社會大眾，不論是否有意識到，其實都在1980年代及1990年代接觸到數位藝術。

當亨利在1950年代建造他的亨利繪圖機時，他並不擔心藝術世界不尊重他的創作，他認為這就是藝術。早期的數位藝術家打破疆界，首當其衝地面對社會的不友善。但僅幾十年過去，數位藝術就已經席捲全球，而人們終於開始懂得欣賞。

數位藝術開始爆紅

毫不意外，網際網路幫數位藝術的發展推了一把。自2005年開始，Behance.net成為分享個人數位藝術作品集及取得商業合作案的主要平台。舉例來說，艾米‧海資（Emi Haze）在Behance上建立了有力的追蹤人脈，並取得與蘋果跟Wacom的合作案，甚至成為少數在Adobe 25周年慶獲得榮譽的數位藝術家。

時間快轉到2013年，數位藝術歷史上最具紀念價值的時刻之一發生了。富藝斯拍賣公司（Phillips Auction House）與社交平台Tumblr合作，舉行了史上第一場數位藝術拍賣會，拍賣16幅數位藝術作品，共拍賣了90,600美元。雖然許多區塊鏈當時已經存在，但他們並未使用區塊鏈科技來保護

這些數位藝術作品的權利，而是直接寄給買家一張存有作品
檔案的硬碟。

只不過一年的時間，區塊鏈與藝術終於首次交融，
成為了NFT。或者，如他們當時所稱，「貨幣化的圖像」
（monetized graphics）。

2014年，紐約舉辦了一場藝術活動「7X7」（Seven on
Seven），設計理念很像駭客松（Hackathon），讓藝術家與科
技人聚在一起合作，蹦出新想法。其中一個隨機的配對是藝
術家凱文‧麥考伊（Kevin McCoy）和技術合作夥伴阿尼爾‧
達什（Anil Dash）。達什當時是拍賣房產的顧問，而麥考伊
則是數位藝術家及紐約大學的教授。

這是發生在社群部落格 Tumblr 盛行的年代，當時所有各
式各樣的數位資產都在 Tumblr 上無遠弗屆地分享，通常沒有
任何的檔案來源歸屬。麥考伊是其中一個數位藝術家，他的
作品在 Tumblr 上爆紅，但他卻沒有獲得太多應得的讚賞，或
是任何報酬。無須多言，他已經開始研究將區塊鏈應用在數
位藝術上。

在《大西洋》（*The Atlantic*）雜誌的一篇文章中，達什描
述了一個故事：

　　將近凌晨時分，我和麥考伊集思廣益做出了第一個
版本，使用區塊鏈支援的方式來確保數位作品的原創作

者擁有權。當時的我們筋疲力竭，突發奇想給我們的作品起了一個諷刺的名字：貨幣化圖像。我們第一個展示的現場是在紐約市的現代藝術博物館，提出這個名稱時，馬上引來哄堂大笑。這些觀眾當時對於聽起來很像企業行號的稱呼很擔憂，覺得這樣的稱呼侵略了創意藝術的世界。麥考伊使用一個名為名幣（Namecoin）的區塊鏈，註冊一段他太太之前製作的影片，我用我皮夾裡的4美元買下了它……但是這個我們在駭客松一夜之間所創造出的NFT雛形有些缺點，就是你無法在區塊鏈中儲存真的數位藝術作品，因為技術限制，大多數的區塊鏈都無法記錄整個圖像……七年過後，所有今天受歡迎的NFT平台都還在使用同樣的捷徑。

雖然麥考伊與達什沒有進一步研究他們的想法，但他們已經展現出可能性，而這對當時來說就已經足夠。

僅一年的時間過後，本書作者之一泰瑞和雷恩‧寇瑞（Ryan Cowdrey）共同創立23VIVI，全世界第一個使用比特幣區塊鏈來製造真品證書的數位藝術交易平台。

寇瑞回憶道：

在2015年銷售數位藝術是一件嚴肅的事，一點也不好笑。首先，我們使用比特幣區塊鏈創造擁有者的證

明。這個過程進展超級慢，尤其是跟現在大多數NFT使用的以太鏈相比，但另一個主要的障礙是市場。人們不了解數位藝術，更不用說想要購買。所以我們倚靠人脈，超過大半的銷售業績都是來自朋友與家人，而即便如此，要說服一個朋友花20美元買一個數位檔案，仍舊是個挑戰。

任何一個數位藝術交易商，都會告訴你類似的故事，像這種將第一個作品賣給家人與朋友的經歷。

在與蓋瑞‧范納洽（Gary Vaynerchuk）的其中一場訪談中，謎戀貓的共同創辦人米克‧納耶姆（Mik Naayem）這樣說：

> 我們創作謎戀貓的時候，我努力要讓所有的朋友都購買謎戀貓，但我做不到。他們會看著我、看著這些貓，然後一臉「這好複雜」的樣子。

但他們不知道謎戀貓後來居上，成為了NFT成功的首要範例之一。那麼，什麼是謎戀貓呢？

簡單來說，網路世界與貓有種獨特的關係。網路上有些很有名的貓，例如不爽貓（Grumpy Cat）、吐舌貓（Lil Bub）、彩虹貓（Nyan Cat）和喵上校（Colonel Meow）。2015年，CNN預估網路上大概有65億張貓的圖片。人們早期去

YouTube的原因之一，就是去觀看好笑的貓咪影片。而且根據預估，今天YouTube上主要關於貓科動物的影片，就有超過260億瀏覽次數。國外網站ThoughtCatalog甚至新創一個詞，說牠們是網際網路的官方吉祥物。

　　因此，第一個達到關鍵量的NFT正是主打數位貓咪的藝術作品，那就一點也不意外。2017年11月由Dapper Labs創立的謎戀貓是一款以太鏈遊戲，使用者可以購買、蒐集、繁殖和交易虛擬貓咪。這個遊戲中有100隻創始貓咪，每15分鐘就會發行一隻「第零代」的貓咪，遊戲一推出馬上掀起風潮。

　　科技類部落格TechCrunch在這個遊戲推出幾天後，便報導謎戀貓已經有超過130萬美元的交易量。

　　這個區塊鏈遊戲需求量大到在2017年底占了以太網絡流量的15%。圖4.3是其中三隻謎戀貓的圖片。

圖4.3　三隻謎戀貓：1號貓咪Genesis、222號貓咪 Koshkat、1992771號貓咪 Holly

這些貓咪並不只是像豆豆娃那種嬰兒的收藏品。這個遊戲提供獨特的繁殖功能（遊戲的術語是「提供配種」）。基本上，玩家將他們的謎戀貓放上遊戲平台，以以太幣標示配種價格。當有另一個玩家同意此價格，則兩位玩家的兩隻謎戀貓就會進行配種。把貓咪放上平台提供配種的人會獲得以太幣，而另一名玩家則會收到配種出來的新一代謎戀貓。

每一隻貓都有256位元基因組的編碼，因此不同的貓咪組合都有不同的基因順序。背景顏色、緩衝時間、鬍鬚、毛髮長短、花色等等，都是這些謎戀貓可以或可能有的「基因」。

對於特定「貓咪基因組」的需求，在收藏家社群間逐漸成長。Dapper Labs 並不會特意設定不同基因特徵的稀缺性，一切端看收藏家的需求，自然成長。

不到四個月，藉著對網路交易的熟稔度，謎戀貓背後的團隊募集到了1,200萬美元，資金來自著名的投資人，例如美國風險創投公司 Union Square Ventures 與 Andreessen Horowitz。自此，Dapper Labs 推出了 NBA Top Shot、擁有名為 FLOW 的獨立區塊鏈，並且推出終極格鬥冠軍賽（UFC）主題的數位收藏品。

無庸置疑，謎戀貓在提升擁有數位資產的意識中，已經扮演相當重要的角色。誰知道如果沒有它們的話，今天會是什麼樣子呢？

談到數位藝術風雲榜，就不能不提到古玩卡（Curio

Cards）或是加密龐克，它們分別是第一及第二個NFT的專案，用來在以太鏈上儲存所有權證明。

古玩卡在2017年5月9日發行，主打30張來自七位不同藝術家的獨特NFT卡。這個專案規模龐大，用許多方式來展現數位藝術所有權的新模式，作為其他人效仿的榜樣。有多久的歷史呢？古玩卡是在以太幣ERC-721 NFT標準提出之前就發展的（這也是如OpenSea這樣的交易平台所使用的標準），因此可能有點過時了。然而，他們開發出一種代幣合約，讓擁有者可以將他們的古玩卡「包裝」在另一個代幣中，因此讓他們在現今的NFT交易平台上有所功能。

以藝術美感而言，古玩卡致力於革命性的科技，將系列卡片設計為可以道山人類發展數位藝術的故事。從圖面是一顆蘋果的第1號牌開始，代表故事的起源，到最後一張的第30號牌，上面有著第一張創作出來的GIF。

之後，加密龐克出現了，在2017年6月由Larva Labs推出。加密龐克是一萬個使用像素藝術（Pixel Art）創作的獨特收藏品角色，有著豐富的歷史，可以追溯到像是「太空侵略者」（Space Invaders）和「小精靈」（Pac-Man）這樣的遊戲。一開始發行時，只要有意願領取，Larva Labs就會送出加密龐克。2021年，OpenSea估計加密龐克的總交易量超過17.2萬顆以太幣，其中九個加密龐克在2021年5月總共賣了1,700萬美元。

　　雖然許多數位藝術家及收藏家都在過去幾年中在NFT上獲得成功，而且標題聳動的交易量似乎越來越大、且越來越誇張，但在他們之前，如果沒有數位藝術家豐富的歷史，也不會有今天。

　　那些實驗科技創造數位藝術的先驅、早期開始使用科技、舉辦活動及畫廊來提倡數位藝術的人，以及最先創新、以區塊鏈支援數位藝術，將數位藝術所有權推向前線的人，都提供了Beeple、NFL球星格隆考夫斯基以及謎戀貓蓬勃發展的基礎。

　　牛頓說：「如果我能看得比其他人遠，那是因為我站在巨人的肩膀上。」

　　這些在數位藝術世界中的巨人們，需要容忍人們說他們的藝術不是「真正的藝術」，雖然他們可能永遠不會收到任何應得的回饋（也不會收到報酬），但他們讓各種數位藝術家能夠使用他們想要的媒介，將他們的創作轉化為貨幣。

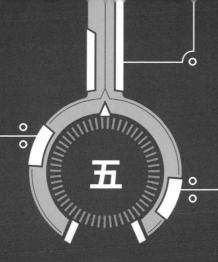

五

N F T 交易平台

　　如果你正想要創造、銷售或購買NFT，最好的做法就是從眾多的交易平台中找一個平台來開始。藉由在交易平台上創造及鑄造NFT，你不需要知道如何寫智慧合約的程式，也不需要任何技術知識，這個主要的突破讓所有人都能創造且鑄造NFT。

　　當然，你還是需要了解及使用區塊鏈，因為NFT就是區塊鏈資產。我們將會引導你了解這一切，也會在第六章到第八章帶你了解如何創造、鑄造、銷售以及購買NFT。我們將使用最大、最廣為人知的交易平台OpenSea作為範例，但我們建議你去探索所有在這個章節中所細究的交易平台，因為每個平台都有其獨特之處、特色以及社群。藉著探索所有的交易平台，你才會對NFT市場整體有更廣的了解。

　　此章節提供最受歡迎的NFT交易平台之概覽。

OpenSea

Opensea.io

　　OpenSea是最大且最廣為人知的NFT交易平台，它也聲稱是第一個NFT交易平台。截至撰寫此章節為止，OpenSea平台上有1,550萬個NFT，且已經售出價值3.54億美元的NFT。

　　我們認為OpenSea是對使用者最友善的平台，讓使用者簡單操作便能創造、銷售及購買NFT。除了對剛接觸NFT的入門者來說相當合適以外，收藏家也可以在OpenSea上找

到許多不同種類的NFT，包括：

- 數位藝術
- 收藏品
- 音樂
- 網域名稱
- 數位地產
- 數位收藏卡
- 遊戲內的物品

有許多種不同的方式來銷售你的NFT，包含英式拍賣（價高者得）及荷式拍賣（減價拍賣）。

整體而言，我們相當推薦OpenSea，這也是為什麼我們使用這個平台作為接下來章節的範例說明。

優點

- 最大的NFT交易平台
- 輕鬆創造、銷售及購買NFT
- 免費鑄造NFT
- 僅需支付兩筆一次性的礦工費來上架銷售
- 每筆交易僅收取2.5%手續費

缺點

- 只能使用加密貨幣購買或銷售NFT
- 使用以太鏈，因此交易可能產生高額的礦工費

Rarible

Rarible.com

如同OpenSea一樣，Rarible 是一個使用者友善且容易上手的交易平台，可以在上面創造、銷售及購買多種不同種類的NFT。

Rarible的網站結合了社群媒體元素，例如「追蹤」的功能，讓使用者可以追蹤NFT創作者，也能在創作者推出新的NFT商品時接到通知。

Rarible也創造了RARI代幣，作為這個NFT交易平台的原生治理代幣，用來鼓勵活躍的平台使用者，讓他們可以為這個平台的未來發表意見。

每筆交易Rarible會收取5％的佣金，買方與賣方各2.5%。

優點

- 輕鬆創造、銷售及購買NFT
- 多元豐富的社群

缺點

- 只能使用加密貨幣購買或銷售NFT
- 使用以太鏈，因此交易可能產生高額的礦工費
- 每鑄造一個NFT就必須支付礦工費

Nifty Gateway

Niftygateway.com

NFT在Nifty Gateway交易平台網站上稱為「nifty」（複數nifties）。這個交易平台只銷售知名數位藝術家、名人及品牌的nifty。舉例來說，Nifty Gateway主打Beeple、電音DJ鼠爺（Deadman5）、饒舌歌手阿姆（Eminem）及名媛芭黎絲‧希爾頓（Paris Hilton）的NFT商品。

Nifty Gateway將自身塑造為高級的交易平台，像是特別的專屬藝廊，創作者需要提出申請並通過許多驗證程序，才能在Nifty Gateway上銷售商品。

Nifty Gateway是少數可以使用信用卡或簽帳金融卡購買NFT的交易平台，因此也讓不熟悉加密貨幣的收藏家打開nifty的大門。

優點

- 可以使用信用卡或簽帳金融卡購買nifty
- 操作簡單、直覺

缺點

- 每筆交易收取15%手續費
- 賣家需要開通Gemini交易所帳戶才能提領現金
- 需要提出申請才能銷售nifty
- 使用以太鏈，因此交易可能產生高額的礦工費

SuperRare

Superrare.co

網站如其名，SuperRare（直譯：超級稀有）僅銷售單一版次的NFT。此外，在SuperRare上僅銷售在其他地方都無法購買到的數位藝術NFT。

SuperRare形容自身是：「當Instagram遇上佳士得，在網際網路上與藝術、文化和收藏品互動的新方式！」

SuperRare已建立強大的社群，同時也追蹤頂級收藏家及當紅的藝術家。

如同Nifty Gateway，SuperRare交易平台擁有優雅的設計，此外，網站上還有編輯專欄，每天張貼一些數位藝術相關的文章，就像是一本閃亮的藝術雜誌。

優點

- 稀有、單一版次的NFT
- 操作簡單、直覺

- 強大的社群

缺點

- 首次銷售收取15%手續費
- 需要提出申請才能銷售NFT
- 使用以太鏈，因此交易可能產生高額的礦工費

WAX（Atomic Hub）

Wax.atomichub.io

Atomic Hub是在WAX區塊鏈運作，也就是說與以太鏈完全切割。WAX區塊鏈沒有以太鏈這麼出名，但是與以太鏈的礦工費相比，WAX的交易費相當低。此外，WAX區塊鏈使用持有量證明驗證，也就表示它對環境的影響非常小。

Atomic Hub最著名的是銷售NFT套組，例如棒球卡套組。你並不知道拿到的這一個套組內會有什麼樣的卡片，同樣地，套組內的NFT稀有程度也不盡相同。舉例而言，棒球卡公司Topps會銷售大聯盟棒球卡套組NFT，而在活躍的次級市場上也會交易這些牌卡。

優點

- 沒有以太鏈的高額礦工費
- 環保
- NFT交易僅收取2%手續費

缺點

- 創造NFT程序複雜
- WAX區塊鏈遠不如以太鏈有名
- NFT無法轉換到以太鏈上

Foundation

Foundation.app

Foundation稱自己是藝術家、策展人與收藏家的「遊樂場」。這個交易平台的設計似乎深受社群媒體影響，尤其是Instagram。平台鼓勵使用者將他們的社群媒體連結到他們的Foundation帳號。

任何人都可以申請帳號，但如果想要銷售NFT，則必須由社群成員投票同意才行。這種由社群主導的方式使得銷售NFT更加困難，但卻可以讓藝術作品保有一定的品質。

優點

- 品質良好且多元的NFT
- 活躍的藝術家與收藏家社群

缺點

- 首次銷售收取15%手續費
- 無法篩選搜尋結果
- 使用以太鏈，因此交易可能產生高額的礦工費

NBA Top Shot

NBAtopshot.com

NBA Top Shot 是由加拿大區塊鏈遊戲服務商及謎戀貓創作者 Dapper Labs 所創建，此交易平台是可以購買 NBA 歷史性時刻影片 NFT 的平台，廣受歡迎，交易額達上億美金。

如同 Atomic Hub 一般，收藏家購買整組稀有度不一的 NFT，之後可以在次級市場上販售。

收藏家也可以在挑戰賽中彼此比拚，賺取免費的 NFT。

此交易平台建構在 FLOW 區塊鏈上，與 WAX 區塊鏈一樣使用持有量證明驗證。

優點

- 精彩的 NBA 影片 NFT
- 環保
- 可使用信用卡或簽帳金融卡購買 NFT

缺點

- NFT 無法轉移到以太鏈
- 提領現金可能需要幾周的時間
- 由於定期推出新套組，因此交易平台上會充斥許多 NFT

VeVe

Veve.me

VeVe是一款手機App，在蘋果的App Store或是安卓的
Google Play商店都可以下載。VeVe 只銷售大品牌的3D影像
NFT，例如VeVe主打以下的NFT：《魔鬼剋星》（*Ghostbusters*）、
《蝙蝠俠》（*Batman*）、《回到未來》（*Back to the Future*）、《侏儸
紀公園》（*Jurassic Park*）及《星際爭霸戰：銀河飛龍》（*Star Trek:
The Next Generation*）。

你可以調整這些3D影像NFT的尺寸與角度，並把它們
放到其他App裡，存成照片，並分享到社群媒體上。

優點

- 品質良好的3D檔案
- 有名品牌的NFT
- 無需使用加密貨幣即可購買NFT

缺點

- 無法將NFT轉換到VeVe應用程式外
- 無法銷售自己創造的NFT，只能使用VeVe的NFT交
  易其他NFT
- 使用者介面有點醜

Known Origin

Knownorigin.io

Known Origin 最引以為傲的就是它是以藝術家為主的交易平台，僅限數位藝術的NFT。此交易平台具有新的藝術NFT商品首次銷售的初級市場，也具有次級市場，讓收藏家可以銷售他們持有的NFT。

藝術家需要提出申請，才能在此交易平台上創造並銷售NFT。Known Origin 在挑選平台的藝術家時盡力「確保非常高水準的盡職調查」。

優點

- 高品質的藝術NFT
- 使用者介面友善、優雅

缺點

- 首次銷售收取15%手續費
- 目前不接受新的藝術家申請註冊
- 使用以太鏈，因此交易可能產生高額的礦工費

Myth Market

Myth Market是專門的收藏卡NFT交易平台，且其實就是匯集了五個主要的收藏卡交易平台：

- GPK.Market，垃圾桶小孩（Garbage Pail Kids）收藏卡
- GoPepe.Market，佩佩蛙收藏卡
- Heroes.Market，區塊鏈英雄（Blockchain Heroes）收藏卡
- KOGS.Market，KOGS收藏卡
- Shatner.Market，演員威廉・薛特納（William Shatner）收藏卡

如Atomic Hub 一樣，Myth Market（以及它的子市場平台）使用WAX區塊鏈。

優點
- 無以太鏈礦工費
- 環保

缺點
- 只能在彼此的子市場平台上買賣NFT
- WAX區塊鏈遠不如以太鏈出名
- NFT無法轉換到以太鏈上

請記得，網路上有許多NFT交易平台，NFT的空間正快速發展，新的交易平台會出現，而其他的平台也可能會逐漸消逝或甚至不復存在。

這本書的官方網站（TheNFThandbook.com/Resources/）中提供前述的交易平台及其他平台的連結，我們也會持續更新頁面資訊。

現在你已經對NFT市場有初步概念了，那我們就開始創造你的第一個NFT吧！

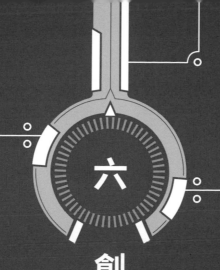

六

創建和鑄造你的第一個NFT

這一章,我們將從頭開始,一步步地說明如何創建並鑄
造(將它放到區塊鏈上)NFT。就算你是個徹底的菜鳥也能
完成,而且不必有NFT、區塊鏈或技術的經驗也可以。那
麼,準備好加入NFT浪潮吧。

(編註:本章以下有多處網站頁面截圖,為作者寫作當
下之網站狀態,後來可能因網站改版或更新而不同。)

主要步驟如下:

- 創建主要內容和其他NFT面向
- 創建加密貨幣錢包(尤其是MetaMask錢包)
- 創建OpenSea帳號(最大的NFT商城)
- 在OpenSea上創建系列
- 在OpenSea上鑄造NFT

為了盡可能簡單說明這些流程,我們只集中在創建最常
見的NFT類型——數位藝術NFT。

創建你的NFT

第一步是創建所有NFT的面向。第二章已經說明NFT
的所有面向:

- 主要內容
- 名稱
- 預覽內容
- 福利
- 可解鎖內容
- 說明
- 特徵
- 持續性權利金
- 供應量
- 外部連結

以下我們會進行解釋。

主要內容

這是創建NFT的第一步，也是最重要的一步，主要內容是NFT的核心。

像Meebits這種專案的主要內容是3D角色的圖片，買家只要擁有Meebits就可以解鎖真正的3D檔案（稍後會再說明可解鎖內容）。由Larva Labs（以發行加密龐克著名）創建的Meebits，是由人工智慧生成的2萬個角色，稀有度各不相同。Meebits背後的想法是讓人在虛擬世界、電動和VR環境中能使用這些角色，所以，持有者能解鎖OBJ檔案，將角色

導入動畫和建模軟體。但主要內容只是一個簡單的圖片，人們可以用來炫耀他們的收藏。

像Meebits這樣引人注目的東西，可能會令人卻步，讓人不禁想著：「我不可能創造出這樣具有視覺吸引力的東西。」但不要煩惱，你可以簡單用手機拍張照片或錄段影片，或是直接用你手機相簿裡的圖片或影片。

只要你覺得有創意，就可以做成一個數位藝術品。如果你想利用傳統素材，也可以將你的藝術作品掃描（或拍照），轉成數位檔案。

如果你想用數位媒介創作數位藝術品，可以利用下列免費的軟體、網站或應用程式：

- Krita（Krita.org）：在Mac、PC和Linux系統都能下載的軟體。
- Infinite Painter：iOS和Android的App。
- Bomomo.com：創作抽象藝術的網站。
- Pixelart.com：創作像素畫的網站。

我們沒有特別推薦哪一款，可以每個都試試看。福特諾就試過（圖6.1）。想知道其他選擇，請上本書網站的資源頁面：TheNFThandbook.com/Resources/

你的照片或藝術品可以是任何尺寸，但大一點會比較好，

這樣圖片就可以在大螢幕上播放，不過，這不是必要條件。圖
片的解析度要盡可能高，但要記住商城會有檔案大小的限制。
我們將在 OpenSea 上創建 NFT，其檔案大小限制是 40MB。

圖6.1　福特諾用 Bomomo 製作的抽象藝術圖

　　如果是影片，畫質至少要是 HD，但影片不能太長，才
能控制在檔案大小限制內。

　　如果你對圖片有什麼特別的想法，但又沒有藝術家天
分，可以請人將它付諸實現，有幾個不錯的網站可以看看，
例如 Fiverr.com 和 Upwork.com。

　　有時候，NFT 的主要內容在可解鎖內容裡，但你還是需
要一張圖片代表你的 NFT。例如，福特諾為他八年級的短篇
故事作業創建了一個 NFT，故事內容放在可解鎖內容裡，主
要的圖片就是他為這個故事畫的封面。

　　如果你打算使用某個名人的圖片或肖像，可能
會有一些法律問題。此外，主要內容不要從網路上抓
圖，因為那也可能侵害版權。有關這些問題的完整討
論，請見第九章。

名稱

　　這點很好理解，就是有了主要內容之後，你的NFT要叫
什麼名字？

　　NFT的名字很重要，不該輕忽對待，它是在擁擠的市
場中脫穎而出的第一個方法。概念派藝術家莎拉・梅約哈斯
（Sarah Meyohas）在2015年進入NFT時，憑藉作品的名字立
即引起轟動：賤幣（Bitchcoin）。她在接受雅虎財經（Yahoo
Finance）訪問時，描述賤幣是「一件藝術品，一個純粹的資
金模型，將區塊鏈、代幣化和對迷因化的諷刺預測引入美術
領域」。六年後，這些趨勢已經變得無法忽視。

　　賤幣是一種貨幣，收藏者可以用來兌換莎拉「花瓣雲」
系列（Cloud of Petals）的實體藝術品，或是作為一種投資持
有。如今，加密貨幣和NFT的持有者已經證明莎拉是正確
的，他們迷上這個領域中任何諷刺或「迷因化」的東西。而
賤幣的文字遊戲讓收藏者覺得十分有趣，因為這名字能吸引

你的注意，同時也為藝術品和故事增加了內容。

　　本章將帶領你們創造獨一無二的NFT。如果你願意，你可以將「1 of 1」放在名字裡，但這其實沒有必要，通常都是在系列有多個版本時，才加上這段話做區分，例如「(1-of-1)格隆生涯精華片段卡」。

　　如果你想製作一個版本以上的NFT，名稱裡可以加上「x of x」，例如朱利安・埃德爾曼（Julian Edelman）的INCREDELMAN XLIX (14/30)。我們常在名稱的結尾看到「x of x」或「x/x」，特別是在多版本的NFT，但這也可以加在名稱的開頭。

預覽內容

　　如果你的主要內容是圖片或GIF動畫，就不用另設預覽內容。不過，如果你想將影片或聲音檔作為主要內容，就需要製作一張圖片（或GIF檔）作為預覽內容，只要依循前面所列步驟即可。理想上，預覽圖片會和影片或聲音檔有關，一般來說，會從影片中截圖作為預覽圖片。

福利

　　如前所述，福利在技術上不屬於NFT的面向之一，但設計福利可以增加購買NFT的動機，並提高NFT的價值。

　　例如范納治的VeeFriends系列都設有福利，10,255個NFT

中，他依福利區分NFT的稀有度。例如，9,400個「入場代幣」VeeFriends，可以讓持有者在接下來三年進入他的VeeCon會議；而555個「禮物代幣」的持有者在接下來三年中，每年至少會收到六個實體禮物；最稀有的等級是300個「訪問代幣」，VeeFriends可和范納治有不同程度的接觸，包括保齡球課程、小組腦力激盪會議和一對一顧問。

福利可以是任何東西，但要確定你有權提供該項福利（它不屬於其他人），且你已經擁有該物的所有權，你不能承諾送出某個你沒有的東西。

福利還有一個重點要注意：通常不是每個未來持有者都能得到福利，如果福利只有一件，你也無法提供給每個持有者。這就是為什麼福利通常限於第一位買家，例如最初拍賣的得標者。你也可以設定福利將會送給在某個日期擁有NFT的人。舉例來說，VeeFriends的福利大部分在三年內的每一年都能兌換，他們清楚定義日期開始於5月6日，也就是專案推出的那天。VeeFriends持有者必須進行額外的步驟驗證他們NFT的所有權，如此就能清楚追蹤福利的兌換數量，不會超過原先的預計。

當然，如果你願意的話，也可以對每個未來持有者提供福利。但我們不建議這麼做，因為如果NFT的交易頻繁，這個福利很快就會失控。

可解鎖內容

你有沒有什麼內容，是只希望提供給NFT持有者的？如第二章所討論，它可以是任何種類的內容，例如圖片、影片、PDF檔、網站的登錄憑證、你的電子郵件或只是某句箴言。

如前所述，每個Meebit都有一個OBJ檔的可解鎖內容，但如果你回想第二章所說，NFT的可解鎖內容只限文字，所以如果你想提供檔案（圖片、影片等），你需要將檔案安全地儲存於網路上的某個地方，然後提供檔案的連結。理想上，這個檔案要有密碼保護，以免任何人都能取得，畢竟，它是可解鎖內容，應該只有NFT持有者才能解鎖。

如果你提供福利，必須在可解鎖內容中說明買家如何兌換福利。如果福利是實體物品，就在可解鎖內容中提供你的電子郵件，請持有者寄信給你，你就能將福利的細節寄給他們。可解鎖內容也是一樣，你可以用郵件將檔案或檔案連結寄給他們。我們建議不要使用你的主要電子郵件，應該建立一個專為此目的的電子郵件，以免主要電子郵件被淹沒，你也不會希望買家或任何未來的買家一直寄信給你。

請注意，你有責任提供可解鎖內容和福利，並確保NFT持有者及未來持有者能取得這些內容。如果你不願意承擔這份責任，那就不要列入任何可解鎖內容或福利。

說明

這一點也很簡單,你要描述你的NFT。有些人會寫得很簡短,有些人喜歡說明一大堆細節。其實你甚至可以不提供說明。

以下是描述NFT的一些訣竅:

- 如果你的NFT是唯一的,那就提一下。使用「獨特」或「獨一無二」這種詞,或是有一種隱晦的說法,你可以額外強調永遠不會再鑄造這個NFT。如果NFT只是其中一版,要說明版本號碼和這一版的總數。例如:「這個NFT是30版的5號。」或是可以說:「這個NFT限30版,每一版依序編號。」你也可以加上「不會再鑄造其他版本」。

- 如果提供福利,說明裡一定要寫出來,盡可能寫清楚,不要讓人誤解你提供的內容。同時,如果福利僅限第一名買家,也一定要說清楚。例如,(1-of-1) 格隆生涯精華片段卡NFT寫道:「除了贏得生涯精華片段卡NFT,此次拍賣的得標者將獲得……。」更精準一些會更好,「此次拍賣」可以寫成「初始拍賣」。請注意,這不是法律建議,只是盡可能寫清楚,才能避免後續引發什麼問題。

- 如前所述,你可以加上日期,只有在那個日期持有

NFT的人才能兌換福利。因為NFT在技術上，同一天可能有兩個以上的持有者，所以可以更加精確，寫上日期和時間，並註明時區。例如：「必須於美國東部時間2021年5月8日下午12點擁有此NFT者才能兌換。」

- 如果你有可解鎖內容，可以在說明裡描述，或是完全保密成為驚喜。我們建議可以說說內容是什麼，尤其是它能增加NFT的價值，並激起潛在買家的好奇心。有時候，可解鎖內容是NFT的主要內容，例如，若是你為NFT寫了一首詩或一則短篇故事，在這種情況下，你一定要在說明裡提到這一點。

持續性權利金

這個特點讓NFT創建者能在NFT未來的銷售中獲利，每次NFT賣出時（至少在它創建的商城中），你會收到一定比例的銷售額。你可以決定權利金的比例。

請注意，如果你選擇的比例太高，會降低未來買主購買你NFT的動機。舉例來說，你選擇了50％的權利金，如果有人用1顆以太幣購買你的NFT，那麼那個人至少要賣2顆以太幣才能獲利，因為商城也會收取一定比例的費用。

我們建議權利金設為10％，但你可以自由決定。

供應量

　　就像絕大多數的NFT一樣，你的NFT供應量應該是1，這能簡化NFT的創建過程，也不會稀釋你的NFT價值，同時可簡化NFT銷售過程。

外部連結

　　在OpenSea上，你可以在NFT詳細資訊的頁面上加入連結，這個連結的網頁應該提供NFT更詳細的資訊。例如，如果NFT背後有個很棒的故事，但它太長了，無法放在說明裡，你可以將完整的故事放在獨立的網頁上。連結其實可以導向任何網頁，不過應該是和NFT有關的頁面。

　　外部連結可有可無，如果沒有相關網頁也沒關係，不必非得填寫。

創建加密貨幣錢包

　　如果你還沒有加入區塊鏈，創建錢包是進入區塊鏈和加密貨幣世界最有趣刺激的部分。為了創建NFT，你需要一個加密貨幣錢包。更精準地說，你需要一個以太坊錢包，錢包裡可以持有以太幣、ERC20代幣和NFT。還有其他區塊鏈支援NFT，但這裡聚焦於最受歡迎的NFT區塊鏈——以太坊。

創建 MetaMask 錢包

可以選擇的以太坊錢包有幾種，但我們將使用最受歡迎也最容易使用的錢包，MetaMask。它可以成為瀏覽器的擴充功能，包括Chrome、Firefox或Brave，所以，你必須使用其中一種瀏覽器才能繼續創建，如果沒有的話，請先下載並安裝。在本書網站資源（TheNFThandbook.com/Resources/）可以找到下載連結，同時，請注意本書提到的所有連結都可以在資源頁上找到。

手機也可以使用MetaMask錢包，不管是iOS或安卓手機，不過因為我們要鑄造NFT，還是建議你在電腦上操作。所以，如果主要內容放在手機裡，請一定要將它傳到電腦上。

1. 第一步是利用前面所提的三種瀏覽器連上MetaMask.io（圖6.2）。

2. 點擊「**Download**」（**下載**）或「**Download Now**」（**現在下載**），畫面應該會跳出和圖6.3相似的頁面。

3. 點擊「**Install MetaMask**」（**安裝MetaMask**），瀏覽器的名稱也會顯示在選項上，請注意，如果你使用的是Brave瀏覽器，這個選項上顯示的可能是「在Chrome上安裝MetaMask」。你還是可以點擊OK，繼續使用Brave瀏覽器。

4. 在下個頁面，點擊**「Add to Firefox/Chrome/Brave」**
（新增到 Firefox/Chrome/Brave）。

瀏覽器會提示你是否要安裝 MetaMask 擴充功能，點擊增加或新增擴充功能。

5. 在下個頁面點選**「Get Started」（開始）**，你應該會轉到和圖 6.4 相似的頁面。

在這個頁面，你可以匯入現有的 MetaMask 錢包。因此，在創建 MetaMask 錢包後，如果想在不同的瀏覽器使用這個錢包，就要點擊**「Import a Wallet」（匯入錢包）** 鍵。當然，你也可以在不同的瀏覽器或設備創建新的 MetaMask 錢包，都沒問題。

現在，因為這是你的第一個 MetaMask 錢包，請點選**「Create a Wallet」（創建錢包）**。

6. 下個頁面可以選擇你否想與 MetaMask 匿名分享資訊，以幫助他們改善錢包的易用性和使用者經驗。同不同意都可以。

7. 下個頁面需要建立一組密碼。當然，你應該建立一個沒人能猜得到的密碼，你可以背下來，或是寫在紙上放在安全的地方。不要把密碼存在電腦裡。

請注意，這個密碼只適用於你目前使用的瀏覽器和設備，如果你將 MetaMask 錢包匯到不同的瀏覽器或設備，就需要另設一組密碼。所以，雖然不同瀏覽器或

設備的MetaMask錢包是同一個（內容也相同），它的
密碼是不同的。

8. 點擊並閱讀使用條款，然後勾選方塊代表你已閱讀並
   同意此條款。

9. 點選「**Create**」（**創建**），畫面應會轉到與圖6.5相似
   的頁面。

圖6.2　MetaMask首頁

圖6.3　MetaMask下載頁

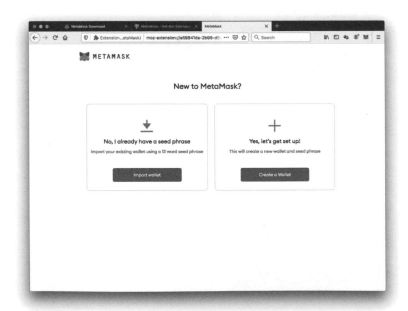

圖6.4　MetaMask新用戶？

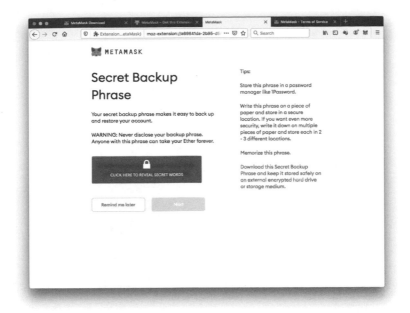

圖6.5　MetaMask助記詞頁面

　　助記詞（The secret backup phrase）是錢包的鑰匙，任何擁有這段助記詞的人都能將你的錢包匯入他們的瀏覽器（如步驟五），然後轉出（竊取）你所有的加密貨幣和NFT。

　　在第三章中，我們討論過一些需要警惕的騙局，但那還沒有涵蓋所有情況，騙子也會試著讓你說出你的助記詞。不可以說，任何時候都不要將你的助記詞透露給任何人。

千萬別洩露你的助記詞。

此外，不要弄丟你的助記詞，這一點至關重要。如果電腦不見了、當機了、或是因為某種原因無法再使用那台電腦，你唯一能進入錢包的方式，就是利用助記詞將錢包匯入另一個設備（見步驟五）。如果你弄丟或忘記助記詞，那麼就無法再進入錢包，你所有的加密貨幣和NFT就消失了。好吧，其實它們沒有消失，你只是不能再轉移或銷售它們了。

設定助記詞有幾個訣竅，以下逐條說明：

• 我們建議不要將助記詞存在像1Password這類密碼管理工具，如果有人能進入你的管理工具，你的錢包就完了。

• 我們建議你將助記詞寫在紙上，然後放在一個安全的地方。桌子抽屜不是個安全的地方，它必須是一個需要鑰匙、密碼或生物識別才能開啟的地方，像是保險櫃或金庫。我們也建議如果你想要更安全些，可以將助記詞寫在不同的紙上，然後存放在二到三個不同的地方。

如上所述，這些地方必須很安全。儲存於多個位置能讓你的助記詞更不容易弄丟，但也比較

可能被偷──助記詞存放的地方越多，洩露的可能就越高。

- 背下助記詞。這一點不一定要做到，有些人覺得記住12個隨機字符很困難，不過建立口訣可能會有幫助。助記詞不能光靠背誦，因為你或許會因某些理由無法100%正確記憶，如果你要用到密碼時就倒霉了。

- 我們不建議你下載助記詞，但你可以將它安全地存在外部加密硬碟或儲存媒介。讓我們細細道來，加密硬碟、隨身碟或其他儲存媒介都適用儲存你的助記詞，不過這些儲存媒介一定要有密碼。你也可以把密碼放在電腦裡有密碼保護的資料夾，技術上而言它也算是個硬碟。詳細做法請參考網站 TheNFThandbook.com/Resources/。

與其直接下載密碼到電腦裡，我們建議你安裝加密硬碟或有密碼保護的資料夾，然後打開文字編輯器或記事本，將助記詞剪貼或手打存成文字檔後，存放在那些有密碼保護的地方。

現在，你知道助記詞的重要性了，點選 MetaMask 網頁上的「**CLICK HERE TO REVEAL SECRET WORDS**」（**點擊此處以顯示助記詞**）。寫下那些字詞（遵循先前的建議），字詞的順序很重要，所以要確認順序寫對了。接著按下一步。

10. 在這個頁面，依序點選你的助記詞，如果點錯了，可以拉動字詞方塊調整順序，完成後點擊「**Confirm**」（**確認**）。

11. 在下個頁面，仔細閱讀警語，閱讀完畢後，點擊「**All Done**」（**完成**）。

你可能會看到一個和兌換（swapping）有關的彈出視窗，現在先不要兌換，之後隨時都可以做，我們會在第八章說明。現在，請關閉彈出視窗。

就這樣，恭喜你，你已成功創建 MetaMask 錢包。

關於你的 MetaMask 錢包

現在，你應該能看到和圖 6.6 相似的頁面。

一、你的地址：如果你點選頁面上方的「**Account 1**」（**帳號一**），你的地址會複製到剪貼簿上。這是你的公共地址，你可以將它想成是一般的地址（傳統郵件），如果有人

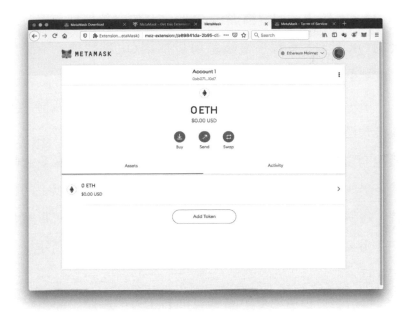

圖6.6　MetaMask錢包

　　要寄支票給你，你可以把地址給他們，告訴他們該寄到哪裡。如果有人要轉以太幣、ERC20代幣或NFT給你，你也是要先給他們MetaMask錢包地址，告訴他們該將以太幣、代幣或NFT轉到哪裡。

　　如我們在第三章所說，你可以在區塊鏈瀏覽器（如Etherscan.io或Ethplorer.io）輸入地址，查看地址的所有內容以及這個地址來往的所有交易。擁有你地址的人都能看到這些資訊，這沒什麼關係，這只是區塊鏈的透明性特質。點擊「帳號一」旁邊的三個點，選擇**「Account Details」（帳號**

179

詳情），會跳出一個視窗顯示42個字符的完整地址，以及地址的QR碼。大多數手機錢包可以掃描QR碼地址，不必剪貼地址就能轉帳。

點選鉛筆標示，就可以更改彈出視窗裡的帳號名稱，完成後勾選方塊以儲存變更。帳號不一定要命名，但若是同一錢包有多個帳號，這麼做會有些幫助。為什麼需要多個帳號？舉例來說，如果你想在某個NFT商城建立一個以上的帳號，每個帳號都需要一個地址。或是，你可以讓加密貨幣和NFT分屬不同的錢包。這沒有一定的對錯，你可以創建很多個地址。

想創建另一個地址，點擊頁面右上方的圓圈，然後點擊**「Create Account」**（**建立帳號**），你可以輸入帳號名稱，然後點擊**「Create」**（**建立**）。就這樣。再次點擊右上方的圓圈就可以切換不同的帳號。

使用地址時要注意：利用剪貼功能（或利用QR碼），絕不要自己打地址，特別是要接收別人的加密貨幣或NFT時。如果打錯一個字母或數字，就收不到他們轉出的東西。

錢包其他地方會顯示你的資產（錢包裡有多少以太幣或其他代幣）、它們目前的價值和活動（錢包出入的交易）。請注意，錢包裡每個帳號都有不同的資產和活動。技術上來說，NFT不是存在你的MetaMask錢包裡，而是在以太坊區塊鏈上，每個區塊鏈資產（NFT、加密貨幣）都有對應的地

址，你擁有的區塊鏈資產會對應到你錢包的地址。

二、進入你的MetaMask錢包：點選瀏覽器右上角的狐狸圖示，就能進入你的MetaMask錢包，如果沒看到，點選右上角的拼圖圖示，然後點選擴充功能清單裡的MetaMask。我們建議釘選MetaMask圖示，使用比較方便。

首先，點選拼圖圖示，叫出擴充功能清單，然後點擊MetaMask右邊的圖釘。如果你用Firefox，狐狸圖示應該會自動釘選在你的瀏覽器上。

如果你經常使用錢包，它會保持登入狀態，經過一段時間後，就需要重新輸入密碼，才能進入錢包。如果你想登出錢包，點擊錢包右上角的圓圈，然後點擊圓圈下方的**「Lock」（鎖定）**鈕。如果你和他人共用電腦，或有其他人能使用你的電腦，我們非常建議你登出（鎖定）你的錢包。如果你的錢包沒有上鎖，任何使用你電腦的人都能將你的加密貨幣或NFT轉走。

創建OpenSea帳號

OpenSea是最大的NFT商城，我覺得它也是最易學易懂的。此外，在那裡鑄造NFT不用礦工費，但第一次上架NFT銷售時需要支付一點費用。下一章會說明上架NFT的過程。

1. 使用創建MetaMask錢包的瀏覽器，連結到OpenSea.io。在主頁中點選**「Create」（創建）**，或是右上角的人頭圖示，然後點選**「My Profile」（我的檔案）**。

2. 下個頁面會要求你登入你的錢包。點擊「MetaMask」，你的MetaMask錢包應該會打開（圖6.7）。

3. 你的帳號應該已經登入了，點選**「Next」（下一頁）**，錢包會通知你，你將同意OpenSea檢視許可帳號裡的地址，這是必要的，點擊**「Connect」（連線）**，現在看到的頁面應該和圖6.8相似。

恭喜，你現在有OpenSea的帳號了。如果你打算賣NFT，你應該新增大頭貼照和封面照片，點擊圓圈以上傳大頭貼照，大小為350×350畫素。

點擊右上角的鉛筆圖示上傳封面照，大小為1400×400。請注意，封面照顯示依設備和瀏覽器的寬度而不同。OpenSea建議封面照不要使用文字，另外，重要的部分應置於垂直居中，如此才能保證各種設備或瀏覽器設定都能顯示出來。

點擊右方的齒輪圖示，命名你的帳號，這也會打開你的MetaMask錢包，請點擊**「Sign」（簽署）**，代表你同意OpenSea的服務條款，這也是個安全機制，只有能讀取MetaMask錢包的人，才能讀取你在OpenSea帳號裡的設定。如果你鎖定了MetaMask，請輸入你的密碼。請注意，你不必

圖6.7　將MetaMask錢包連結至OpenSea

創建OpenSea的密碼或其他登入憑證，你的MetaMask錢包就能保護你的帳號。

　　在「**Profile Settings**」（**個人檔案設定**）頁面，輸入與帳號相連的使用者名稱，你也可以加入自我介紹，我們建議你這麼做，如此能告訴全世界你的豐功偉業。最後，輸入你的電子郵件，結束後點擊「**Save**」（**儲存**）。這時你應該會收到OpenSea的電子郵件，點擊信件中的「**VERIFY MY**

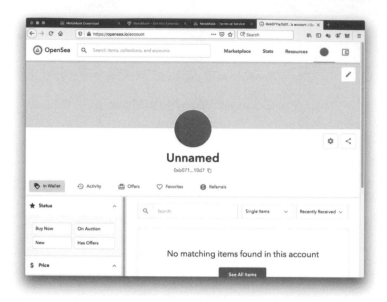

圖6.8　OpenSea帳號頁面

EMAIL」（**驗證我的電子郵件**），然後就完成了。

　　想進入帳號資訊，只要點選右上角的大頭貼照即可。

創建一個NFT系列

　　OpenSea上所有NFT都會依系列收藏，也就是將相似的
主題分組。OpenSea有上千組系列，像是加密龐克、F1 Delta
Time、格隆考夫斯基冠軍系列NFT、Decentraland Wearables、
三個臭皮匠官方NFT、Ksoids等。一個系列就像一個店面，所
以你在OpenSea創建NFT前，必須先創建一個系列。即使你只

上架一個NFT，還是需要放在一個系列中。

　　這一段將會帶領你在OpenSea上創建系列。但在這之前，你應該先整理好系列的各個元素。

系列元素

　　你的系列需要一些內容和資訊：

- ・主題
- ・名稱
- ・標誌
- ・封面照
- ・精選圖片
- ・說明
- ・連結
- ・持續性權利金
- ・持續性權利金地址

以下逐條說明。

　　一、主題：多數系列會有個特殊的主題，系列中的NFT都和這個主題有關。例如「格隆考夫斯基冠軍系列NFT」當然就包含了他四次NFL冠軍的NFT。還有，「加密龐克系列」

就是……加密龐克的NFT。

你想創建哪種NFT？你最喜歡的主題是什麼？你的主題不必太炫或意義深遠，只要能將所有NFT串成一個主題即可，你也可以單純將NFT分類，主題的選擇沒有規則。

舉例來說，你有兩個截然不同的主題，像是經典車款和海豚，把這兩種NFT歸成一類或許不太合理，所以答案很簡單，創建兩個獨立的系列：一個經典車款NFT和一個海豚NFT。事實上，你的OpenSea帳號可以創建很多個系列，所以只要你想到新的主題，就可以重複本節的步驟，創建新的系列。

二、名稱：理想上，系列的名稱應該能辨識出系列的主題，就像剛剛說的格隆考夫斯基系列或加密龐克系列。你可以盡情發揮創意，但盡量避免讓人困惑的名稱，或是和主題完全無關的名稱。如果你的系列沒有特別主題，你的命名可以像是「福特諾的NFT系列」或是「泰瑞的超讚NFT」。

三、標誌：你需要為你的系列製作一個標誌，建議大小為350×350。哪種形象能代表你的系列或系列主題？你可以利用某個NFT的圖片、你的大頭貼照、你的公司標誌或任何有趣的形象。我們建議你可以在OpenSea看看別人的系列設計了什麼標誌，同時也可以注意一下其他系列的封面照和說明。

四、封面照：雖然這可有可無，但我們非常建議你為系列製作一個封面照。空白或灰色的封面讓人覺得你的態度不專業，尤其是你想銷售NFT，就需要有迷人的封面照。

　　封面照和你的檔案封面照大小一樣（1400×400），圖片顯示也會因設備或瀏覽器寬度而異。和標誌一樣，封面照要使用和系列主題有關的形象，它甚至可以是系列標誌的延伸。範例可見圖6.9。

圖6.9　朱利安・埃德爾曼：INCREDELMAN系列標誌和封面照

　　五、精選圖片：OpenSea若在首頁、分類頁或其他促銷頁面將你的NFT列為精選系列，會刊出你的精選圖片，我們非常建議你製作一個精選圖片，因為你永遠不知道OpenSea會不會挑上你，這可會使你的系列流量大增。

　　精選圖片的大小建議為600×400，我們建議可以再利用你的封面照，這不只是最簡單的方式，最重要的是，它能讓你的品牌有一致感。如果有人點選精選圖片，連結到你的系

列，他們會知道自己點到正確的地方。

　　六、說明：即使這不是必填項目，我們還是非常建議你放上系列說明。理想上，這段說明應該提供系列中NFT的資訊並誘惑潛在買家。沒有特定的規則，但有幾點訣竅：

- 說故事。你創建這個NFT的動機是什麼？
- 描述系列裡的NFT。
- 提供藝術家的資訊，可以是背景、影響力或任何有趣的內容。
- 如果這個系列的NFT有不同版本，列出清單，並說明每個版本各有多少NFT。
- 說明有趣的福利或可解鎖內容。
- 如果收入將捐給某個慈善機構，請說明。
- 說明拍賣何時結束。
- 加入任何有趣的相關資訊。

　　這不是完整的清單，你也不必納入所有建議，你可以隨性發揮創意說明，但要注意有1000字元的限制。

　　你可以在說明裡使用Markdown語法，如此就能打出粗體字或斜體字，標題也能放大。例如，想讓字體變粗，要寫：**bold text**；斜體字則是寫*italicized text*。更多關於Markdown語法的資訊，請上本書網站資源頁面：

TheNFThandbook.com/Resources/

　　不必現在就執著於將系列元素準備到完美無缺，之後隨時可以修改。此外，我們在第七章也將提供讓你的系列更具市場價值的技巧。

　　七、連結：在系列頁面中可以放入自己網站或社交媒體帳號的連結，具體地說，你可以提供下列平台的帳號連結：

- Discord
- 推特
- Instagram
- Medium
- Telegram
- 你的網站

　　以上連結可以全部或部分提供，也可以都不給，但如果你有這些平台的帳號，我們建議你還是提供，如此可以讓買家更了解你，他們越了解你，就越有可能購買。這些連結也會增加你的社交媒體追蹤數，此外，連結也有助於讓OpenSea驗證你的收藏，這一點我們稍後再討論。

　　八、持續性權利金：本章曾討論過這項NFT面向，但技術上，OpenSea上的持續性權利金比例是在系列設定裡設置，並適用到這個系列的所有NFT，因此，如果你想為不同

NFT設定不同的權利金，它們就必須分屬不同的系列。

　　九、持續性權利金地址：銷售NFT時，銷售金額（通常是以太幣）會轉至連結到你帳號的MetaMask錢包地址。然而，你可以為持續性權利金設置不同的地址，這可以是你的MetaMask錢包地址，或其他支援ERC20代幣的以太坊地址。

　　現在你已經製作並收集所有必要的內容和資訊，可以開始創建系列了。

創建系列

　　創建系列請依循下列步驟：

1. 將游標移到OpenSea任何頁面的大頭照上，然後點選**「My Collections」（我的系列）**，叫出頁面後，在**「Create new collection」（創建新系列）**框中，點擊**「Create」（創建）**。

2. 在彈出視窗**「Create your collection」（創建你的系列）**（圖6.10），點選**「Logo」（標誌）**，從資料夾中選擇標誌圖片進行上傳。然後輸入**「Name」（系列名稱）**，接著輸入（或貼上）**「Description」（說明）**。結束後，點擊**「Create」（創建）**。

　　這樣系列就建好了！

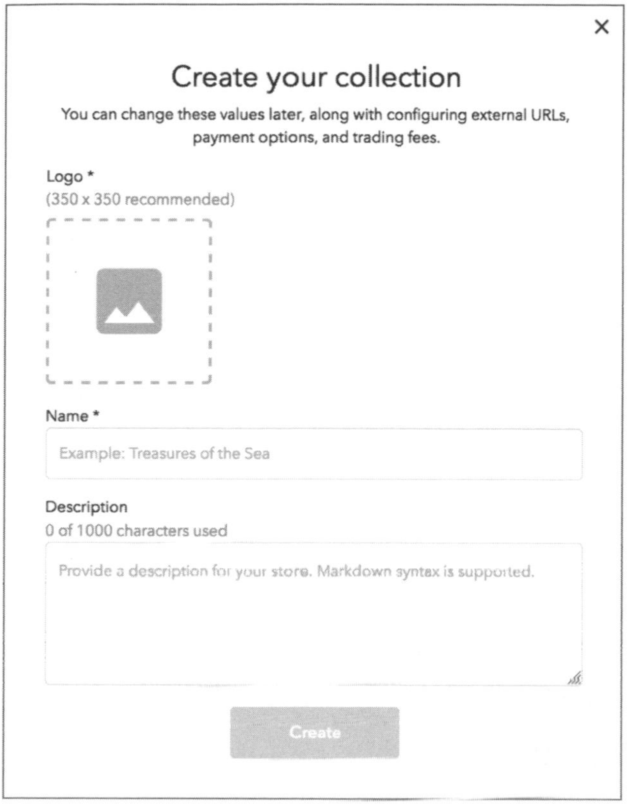

圖6.10　創建你的系列頁面

　　但還沒完成，你必須加入系列的其他元素。點擊你的大頭照，叫出**「My Collections」（我的系列）**頁面，再點擊你要創建的系列。

　　在你的系列頁面上，我們要先新增封面照。點擊頁面右上方的鉛筆圖示，會跳出**「Edit your collection」（編**

輯你的系列）頁面，然後點擊下面的照片框，叫出電腦中的封面圖檔。接下來，填寫其他元素，你隨時可以在這裡增加或調整任何元素。這一頁所需的資訊大多很簡單，尤其當你已經事先準備好內容和其他資訊。

　　一、標誌圖片：你應該已經可以在標誌方塊看到你的標誌。想更改標誌，只要從資料夾中選取新的標誌圖片即可。

　　二、精選圖片：點選精選圖片下方圖示，從資料夾中選取精選圖片。

　　三、封面照：如果你還沒加入封面照，從資料夾中選取封面照。

　　四、名稱：輸入系列名稱。

　　五、URL：你可以自己制定系列的網址，它最好和系列名稱有關，但也可以不用。

　　六、說明：把你的說明剪貼到這裡。

　　七、種類：新增種類有助於別人在 OpenSea 上看見你的 NFT，點選**「Add Category」（增加種類）**有七個選擇：

- 藝術
- 收藏品
- 音樂
- 照片

・運動

・收藏卡

・設備

選擇最接近你ＮＦＴ的分類。

八、連結：輸入你的網址和社交媒體連結，或是你使用的任何特殊平台。

九、權利金：輸入權利金比例。如果是10％，要輸入10，而不是0.1。輸入百分比後，會跳出方框讓你輸入支付地址。用剪貼的方式貼上你想要支付的地址。

十、支付代幣：購買ＮＦＴ時可使用的加密代幣。點選「**Add token**」（**新增代幣**），選擇清單中的代幣（ERC20代幣）即可新增。你不一定要新增，除非你想收到特定代幣，或是想推銷特定代幣。

十一、展示主題：這會影響ＮＦＴ的主要內容如何顯示。如果你使用透明背景的PNG圖片，那最好選擇「**Padded**」（**補白**）；其他圖片則建議使用「**Contained**」（**置中**）。

十二、不雅和敏感的內容：如果你的內容不安全，或是包含色情或不雅語言，那麼請開啟這個選項。如果你不確定，還是謹慎一點較好。

十三、合作者：如果你和他人一起創建ＮＦＴ，可以將他們加為合作者。點選「**Add collaborator**」（**加入合作者**），

然後在彈出視窗輸入他們的以太坊地址。請注意，合作者將具有類管理者的權限，他們可以修改系列設定、收到所建NFT的銷售額、更改此系列權利金的支付地址和創建新專案，所以加入的對象要小心。在這一點上，為了保持過程簡單（及安全），我們建議不要加入任何合作者。

所有內容都輸入之後，點擊**「Submit Changes」（送出變更）**，如果這個鈕還是透明的，代表你遺漏一些必填資訊或內容，或是你必須解鎖你的MetaMask錢包。

你的系列完成了（除了新增NFT，下一段將會說明）。

在進入下一段之前，你應該先檢視你的系列，如果你還在編輯頁面，請將游標移到你的大頭照，選擇**「My Collections」（我的系列）**，然後點選你的系列標誌。現在你應該在你的系列頁面，這也是其他人瀏覽你系列時的顯示畫面，或是在瀏覽器輸入你系列的連結網址，也會看到這個畫面。

要確認一切看起來都沒有問題：封面重要部分有沒有出現？說明是否正確？如果你用了Markdown語法，有沒有正確顯示？你也應該注意右上方的連結，如果你剛加入，你的統計數據會全都是零，等你的活動累積了，這些數據會自動更新。

如果你需要修改，點擊右上方的鉛筆標誌。如果沒有要修改，那麼就可以鑄造NFT了。

驗證

　　在開始鑄造前，需要再說明一下驗證。你可能注意到有些系列有個小藍勾，像圖6.11那樣。

　　就像其他平台，藍勾標誌代表這個系列經過驗證，它已經過OpenSea員工審核，確認這個系列的持有者是本人，這顯然能讓買家在下標或購買系列NFT時更加放心。

　　目前還不能為你在OpenSea的系列申請驗證，只有在控制錢包的人或公司有被冒名頂替的危險時，才會新增到帳號頁面，這通常是為高知名度的公眾人物或組織創建的系列保留的功能。

　　OpenSea大多數系列都沒有驗證，所以你的系列沒有驗證也不必擔心。

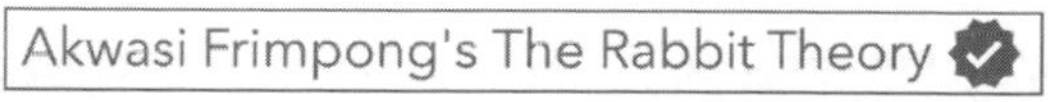

Akwasi Frimpong's The Rabbit Theory ✅

圖6.11　Akwasi Frimpong的The Rabbit Theory系列已驗證

開始鑄造NFT

　　在NFT早期，鑄造NFT的唯一方法是寫一份智慧合約，本質上，智慧合約是一段在以太坊網絡上運行的程式碼；而從技術上來說，以太坊網絡是以太坊虛擬機器（EVM），即散布於全球上千個節點組成的巨大電腦。智慧合約基本上是

以Solidity編寫的電腦程式，它是以JavaScript為基礎的以太坊原生程式語言。

寫完智慧合約後，你必須進行測試，並部署到EVM上。測試是非常重要的步驟，因為一旦部署到區塊鏈上就無法修改，每個NFT都是不同的合約，所以每次部署合約到區塊鏈上都需要支付礦工費。

如今，隨著OpenSea和其他NFT商城的出現，你不必寫智慧合約，也不必知道寫程式、測試或部署的方法。福特諾曾經寫過程式，甚至學過Solidity，因此，我們可以證明在OpenSea上鑄造NFT是多麼簡單的事。

既然你已經創建了NFT每個面向的內容，實際的鑄造過程非常簡單，我們開始吧。

將游標移到OpenSea頁面上的大頭照，選擇「**My Collections**」（**我的系列**），然後點選你的系列標誌。接著，在系列頁面上，點選「**Add Item**」（**新增項目**），頁面會轉到「**Create New Item**」（**創建新項目**），如圖6.12。

一、圖片、影片、音檔或3D模型：在這裡上傳NFT的主要內容，將檔案拉進方框裡即可。如果你上傳音檔或影片檔，會另外出現預覽圖片框，此時請將你的預覽圖片（或GIF動畫）拉進框裡。

二、名稱：輸入NFT的名稱。

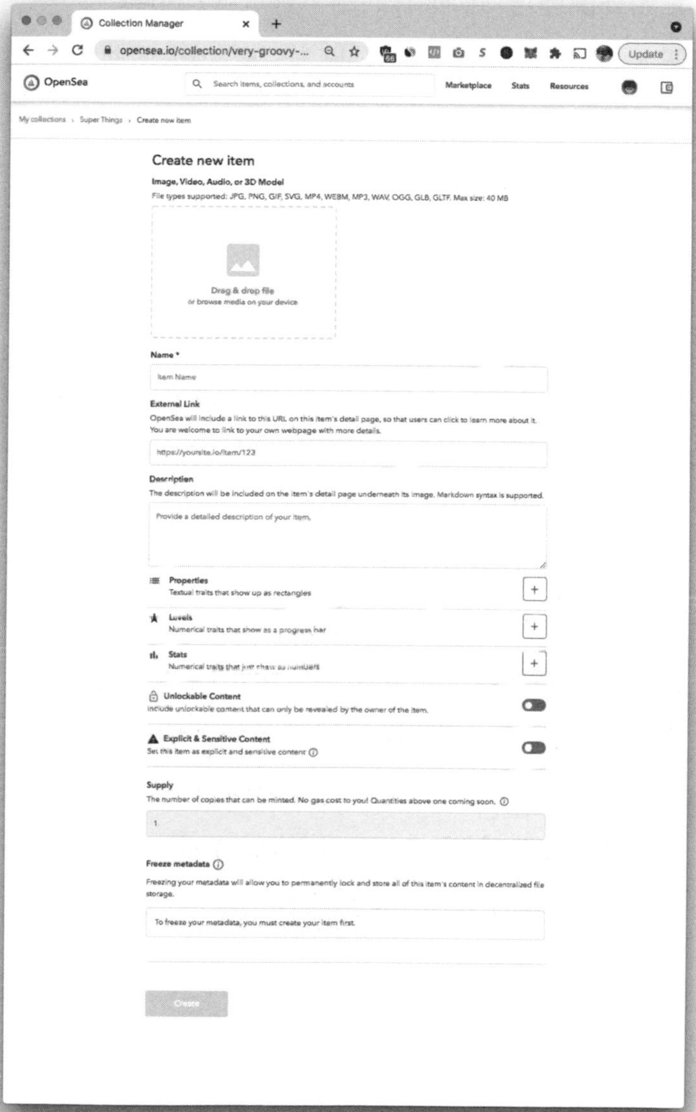

圖6.12　創建新項目頁面

三、外部連結：如果有的話，輸入NFT的外部連結。

四、說明：將NFT說明貼過來，這裡也可以使用Markdown語法。

五、屬性、等級、統計數據：如第二章討論的，屬性、等級和統計數據對電玩收藏卡NFT和遊戲內物品NFT非常有用。除非有令人信服的理由或與你的NFT相關，我們建議此欄留白。

如果你創建多版本的NFT，例如有10個版本，每個NFT依序編號1到10，有些NFT創建者會將版本編號放在統計數據中。這不是必要，但若是你想這麼做，點選Stats右方的加號，在彈出視窗中，輸入版本名稱，然後是NFT的版本號碼，以及版本總數。完成後儲存。

六、可解鎖內容：如果你有可解鎖內容，請打開這個選項，然後將可解鎖內容剪貼到這裡，如前所述，這裡只能放文字，不能上傳檔案，這裡也可以使用Markdown語法。

七、不雅和敏感內容：如果你的NFT不安全或包含色情或不雅語言，請開啟這個選項。如果你不確定，最好謹慎為上。

八、供應量：如前所述，我們建議供應量為1。

九、凍結元資料：凍結元資料將使元資料永遠封存在IPFS上，之後你便不能再編輯你的NFT。你必須先創建項目，才能凍結元資料，這也需要支付礦工費。值得嗎？它會增加NFT永久存在的可能性，但是否值得花這筆礦工費由你自己

決定。我們認為大多數創建者不會選擇凍結他們的元資料。

請注意，OpenSea 在不斷發展，有些創建新 NFT 的選項可能會改變。想知道有什麼更新，請到網站 TheNFThandbook. com 查詢。

一切都輸入完成後，點擊**「Create」（創建）**，如果這個鍵還是透明的，代表你遺漏一些必填資訊或內容，或是你必須解鎖你的 MetaMask 錢包。

恭喜，你已經創建並鑄造一個 NFT ！快去看看你的 NFT。

現在你已經創建了 NFT，下一章將告訴你如何銷售 NFT。

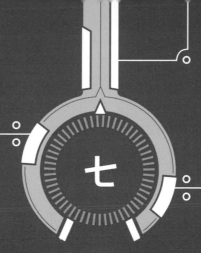

七

銷售你的 NFT

學會製作NFT之後，這一章節我們要來按步驟說明出售NFT的方法。上一章節中，我們在OpenSea上製作NFT，接下來也會在這個平台販售。想在OpenSea上架並銷售NFT，你必須先有足夠的以太幣來支付礦工費。因此，我們也會帶領你一步步購買以太幣——在加密貨幣交易所開戶後入金，購買以太幣後再出金到MetaMask錢包。如果你從來沒有接觸過加密貨幣，那也不用擔心，你很快就會上手了。

擁有你的交易帳戶

要在OpenSea上架並銷售你製作的NFT，需要支付礦工費。為此，你的MetaMask錢包裡必須要有足夠的以太幣來支付這筆費用，有些平台還會要求你在鑄造NFT的時候就支付礦工費。即使你不打算製作任何NFT，只要有考慮購買NFT，通常就會用到以太幣（或其他加密貨幣）。

NFT是區塊鏈資產，因此主要透過加密貨幣進行買賣。那麼你要如何取得以太幣和其他加密貨幣呢？這件事情會在加密貨幣交易所進行。現在已經有不少信譽良好的交易所，包括：Coinbase、幣安、Crypto.com、Voyager等。這些交易所中，我們推薦Coinbase（特別是針對人在美國的用戶）。在這個章節裡，我們都會用Coinbase當範例。不過，如果你想選擇其他交易所，當然沒問題。我們推薦了幾家交易所，

網站連結全部彙整在這本書的資源網頁：TheNFThandbook.
com/Resources/

好，我們開始吧！第一步就是要到 Coinbase 開戶。

創建 Coinbase 帳戶

Coinbase 是一個加密貨幣交易所，你可以在這裡用美元
購買部分熱門的加密貨幣，也可以出售加密貨幣換取美元，
再出金到銀行帳戶。

這一個小節讓我們一步一步地創辦 Coinbase 帳戶。如果
你已經有 Coinbase 帳戶或在其他交易所開戶了，可以直接跳
過。請注意，必須年滿 18 歲才能在 Coinbase 開戶。開戶前，
先確認你手邊已備妥以下證件及資料：

・政府核發的有照證件。

・與智慧型手機相應的電話號碼（你會收到簡訊通知）。

・最新版瀏覽器（建議使用 Chrome）。

開始囉！

1. 連上 Coinbase.com，並點選「Get Started」（開始）
   鍵。在圖 7.1 所示的彈出視窗中，輸入密碼等資訊。
   如前一個章節提到的，不要把這個密碼存在電腦的文

件檔中（除非是放在加密硬碟裡）。寫下密碼並放在安
全的地方。

一定要好好讀過使用者合約與隱私條款之後，再勾選
同意方框，表示同意合約內容，並確認你已年滿18
歲。之後就按下**「Create account」（開設帳戶）** 按
鈕。Coinbase會寄送驗證信到你的電子郵件信箱。

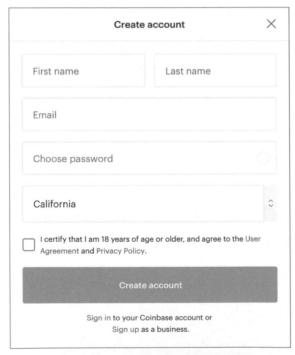

圖7.1　Coinbase「開設帳戶」彈出視窗

2. 在Coinbase寄給你的驗證信中會有一個連結，請你點選**「Verify Email Address」（驗證電子郵件）**，連回Coinbase網頁登入。

3. Coinbase會要求你填寫電話號碼。選擇國別後，填入手機號碼，之後點選**「Send Code」（發送驗證碼）**。Coinbase會發送7位數驗證碼到你的手機。填入驗證碼後，按**「Submit」（送出）**。

4. 進入下一個頁面後，你需要輸入生日和地址，還要回答幾個問題，並輸入社會安全碼（Social Security number）末四碼。再點選**「Continue」（繼續）**。（譯註：社會安全碼是美國政府發給居民的證號，類似台灣的身分證。Coinbase因為洗錢法規的限制，要求使用者必須進行身分驗證。台灣用戶可以用護照、駕照或身分證進行驗證。）

5. 如果要買賣、收發加密貨幣，必須驗證帳戶。首先，選擇你要使用的證件類別，接著選擇上傳方式，之後按照指令完成驗證。
   驗證程序通常幾分鐘內就會結束，但Coinbase可能需要時間進行進一步驗證。驗證完成後，你會收到一封確認信。

確保 Coinbase 帳戶安全性

我們強烈建議設定「雙重驗證」（2FA），確保帳戶安全無虞。註冊 Coinbase 的時候，你可以將簡訊列為雙重驗證的方法。遺憾的是用簡訊進行雙重驗證並無法完全確保帳戶安全，因為現在有一種騙術叫「SIM 卡偷換攻擊」（SIM swapping）。

SIM 卡偷換攻擊指的是駭客打去電信公司，說服他們自己是本人並謊稱剛換新手機，請對方把你的電話號碼轉移到他們的手機上。如此一來，駭客就可以收到你的簡訊等資訊。如果那名駭客同時取得你的 Coinbase 密碼，就可以登入 Coinbase 帳戶，並將你的加密貨幣全數轉出（偷走）。

SIM 卡偷換攻擊可能會讓你損失慘重。問問麥可·特平（Michael Terpin）就知道。特平是著名的加密貨幣狂熱分子，因為 SIM 卡偷換攻擊，被竊走價值近 2,400 萬美元的加密貨幣，他因此怒告美國電信龍頭 AT&T。

如果你有安全金鑰（security key），應該選擇用安全金鑰進行雙重驗證。如果沒有，我們建議用 Google 的身分驗證器—— Google Authenticator。Google Authenticator 用起來簡單又便利，也可以提供優良的安全性。不肖人士需要實際拿到你的手機（當然還有密碼）才有辦法登入你的 Coinbase 帳戶。

1. 如果你還沒有安裝 Google Authenticator 的 App，請到 Apple Store 或 Google Play 下載並安裝。

2. 到 Coinbase 的頁面點選頁面右上方的姓名，再按下拉選單中的「Settings」（設定）。進入設定頁面後，點選「Security」（安全性），找到頁面上驗證器（Authenticator）項目後，點選「Select」（選取）。在「Confirm settings change」（確認更改設定）的彈出視窗中，輸入你透過簡訊收到的驗證碼，再按下「Confirm」（確認）。這時候，畫面上會出現「Enable Authenticator Support」（啟動驗證器支援）的彈出視窗，視窗中會有一個 QR 碼。

3. 打開手機裡的 Google Authenticator 應用程式，點選「＋」符號並選擇「Scan a QR code」（掃描 QR 碼）。拿起手機對著螢幕，將 Coinbase 提供的 QR 碼對應到手機上的綠色方框內，應該就可以在 Google Authenticator App 的清單中看到 Coinbase，底下會有一組六位數號碼。那六碼就是你的雙重驗證碼。

請注意這六位數的號碼每 30 秒就會重設，以強化安全性。你要在時限內將那組六位數號碼輸入「啟動驗證器支援」的彈出視窗。如果超過時間，只要輸入新出現的號碼就可以了。之後再按「Enable」（啟動）鍵。未來登入 Coinbase 時，你都需要透過 Google

Authenticator App 進行雙重驗證。

連結到銀行帳戶

如果想購買以太幣或其他加密貨幣,你需要新增支付方式。我們建議連到銀行帳戶,原因是這樣你賣出加密貨幣之後,就可以從 Coinbase 把錢出金到銀行帳戶。(譯註:如果台灣用戶想把 Coinbase 帳戶裡的加密貨幣換成新台幣,可以連結到台灣的美元帳戶,出金到美元帳戶後再另行換匯。或是先出金到 Maicoin、ACE 王牌交易所等台灣的加密貨幣交易所,再直接換成新台幣。)

如果你不願意連到銀行帳戶,可以用信用卡購買以太幣。

1. 進入 Coinbase 的設定頁面,點選 **「Payment Methods」****(支付方式)**,再點選 **「Add a payment method」(新增支付方式)** 的按鈕。在「新增支付方式」彈出視窗中,點選 **「Bank Account」(銀行帳戶)** 或其他支付方式,如:PayPal、現金卡或電匯。

2. 接下來跳出的視窗會說明:Coinbase 使用 Plaid(第三方服務)連結到你的銀行帳戶。點選 **「Continue」(繼續)**。在清單中點選你的銀行,或是用搜尋功能找到你的銀行名稱。

3. 輸入網銀的使用者帳號、密碼。請放心,這個平台沒

有安全疑慮。點選**「Submit」（送出）**鍵。系統會詢問你要如何驗證身分，選取你要的選項後，點選「繼續」。

4. 輸入你收到的驗證碼後，點選**「Submit」（送出）**。選擇你要連結到 Coinbase 的銀行帳戶並按**「Continue」（繼續）**。Coinbase 大約需要 30 秒完成驗證並將你的銀行帳戶加入系統之中。

恭喜你！現在你可以購買加密貨幣了。

開始購買加密貨幣

連上銀行帳戶之後，你就可以購買加密貨幣。第一個你應該要買的幣別就是以太幣，才能支付你在 OpenSea 上架 NFT 所需的礦工費。

首先，你要確認需要買多少以太幣。在 Coinbase 上，購買加密貨幣時使用的幣別是美元。換言之，你要決定自己想購入價值多少美元的以太幣。要花多少錢買以太幣，取決於以下四項因素：

・ 你需要多少以太幣？
・ 現在的礦工費多少？

・現在的以太幣價格多少？

・要預留多少緩衝額度？

讓我們一一檢視這四項因素。

第一，在OpenSea上架NFT需要花兩筆一次性的礦工費，分別是為了：

・啟用帳戶以進行NFT銷售。每個帳戶只需要啟用一次。

・讓OpenSea在銷售行為發生時，存取你的NFT（或是整個系列）。

從Coinbase把以太幣出金到MetaMask錢包的時候，也需要支付礦工費，因此你總共需要估算三筆礦工費。礦工費會因交易類型而有所差異，所以這幾筆費用金額不盡相同。

在OpenSea上架NFT的礦工費會因交易量而異。依據我們的經驗，最低看過35美元，也曾經高達812美元，落差非常大。請注意這個數字是指OpenSea收取的兩筆礦工費總額。一般以太幣交易所需的礦工費，例如從Coinbase出金到MetaMask錢包，大約只有這個金額的二十分之一，但也可能略高一點。

如果要預估目前的礦工費金額，可以到etherscan.io/gastracker估算。在這個平台上，你可以看到目前的礦工費與

每個價格相應的平均交易次數。礦工費的單位是gwei，相當於0.000000001顆以太幣（圖7.2）。

如果要把礦工費換算成美元，就以gwei的數值乘上以太幣現價（也就是上述四項因素中的第三項因素）。圖7.2中，ERC20代幣轉帳的實際平均礦工費落在2.98美元〔即**「Average」（平均價）方格內的數值**〕與9.21美元〔即**「Estimated Cost of Transfers & Interactions」（預估轉帳與互動成本）**第一列中間的數值〕。

圖7.2　Etherscan上以太坊礦工費追蹤器的礦工費

基本原則就是粗估你需要多少礦工費，以前面那個數字（在這個案例中就是2.98美元）乘上20，算出你在OpenSea上架需要多少以太幣。再把第二個數值（這個案例中是9.21美元）加上去，那是你把以太幣從Coinbase轉帳到MetaMask

錢包需要的礦工費。好，所以在這個案例中，你大約會需要
相當於68.81美元（計算方法：\$2.98 × 20 + \$9.21 = \$68.81）
的以太幣來支付礦工費。

如果想更精確掌握你的NFT在OpenSea上架需要多少礦
工費，我們建議你先走完上架流程。這一部分我們稍後會詳
述。在上架過程中，你就會知道確切需要支付多少礦工費，
屆時再回頭參考這個購買以太幣的小節。

最後還要注意一點，就是礦工費波動度高，甚至可能瞬
間飆升。此外，要把以太幣出金到MetaMask錢包會需要一
點時間。第一，從銀行入金到購幣帳戶需要幾天。第二，首
次從Coinbase出金的時候，很可能也需要數天的時間，因為
Coinbase通常會因為安全理由，暫緩處理前幾次出金，以確
保是本人進行交易。沒錯，這類延宕很麻煩，但是我們願意
忍受，因為Coinbase是信任度最高且最安全的交易所。

重點在於跑上架流程和MetaMask錢包入金的兩個時間
點，礦工費可能天差地遠。因此，我們建議你購買的以太幣
數額至少要是估值的兩倍，且不要少於250美元。即使是這
樣的金額都可能嚴重不足。或是你也可以買100美元（甚至
以下）的以太幣，然後就一直等到礦工費回落再上架NFT。

如果你也會購買NFT，我們建議多買一點以太幣，因為
以太幣不只可以拿來支付礦工費，也可以用來購買NFT。

　　　在Coinbase的面板上，點選最上方的「Buy/Sell」（購買

／**出售**）按鈕。彈出視窗（圖7.3）出現後，先選擇你想要購買的加密貨幣。請務必確認你選擇的是以太幣。

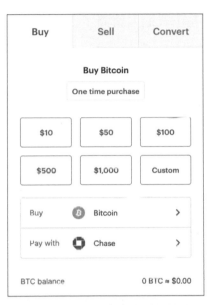

圖7.3　Coinbase「購買」彈出視窗

　　接著選取美元金額，或勾選**「Custom」（自訂）**輸入特殊金額。如果你選擇自訂金額，就要點**「Preview Buy」（預覽訂單）**的按鈕。檢視金額並確定你買的是以太幣。Coinbase會收一點手續費，所以你實際收到的以太幣會比帳面金額少一點。值得注意的是，手續費是固定的，不會隨交易金額按比例增減，不會因為交易金額較小，手續費占比就較高。所以要記得，如果單就手續費考量的話，大額買賣一定比較划

算。無論如何，我們都不建議購買價值不到50美元的商品。

看起來都沒問題的話，就可以按下**「Buy now」（立刻購買）**。交易可能要幾分鐘才會完成。

恭喜！你現在正式進入幣圈了！

加值MetaMask錢包

買好以太幣之後，就要把錢轉到MetaMask錢包。請特別留意這個小節，如果在出入金的時候出錯，可能得付出極高代價。那筆錢可能全部化為烏有。但別擔心，只要你非常小心就不會有事，而且出入金很快就會跟吃飯一樣簡單了。

1. 登入Coinbase。

2. 開啟MetaMask錢包並點選上方的錢包地址，就在帳號名稱底下（第六章圖6.6）。現在你的以太坊地址應該已經複製到電腦的剪貼簿中了。

   打開TextEdit、Notepad或任何文字編修軟體，貼上你的地址。記得確認你貼上的地址開頭與結尾，和MetaMask錢包中顯示的完全相同。

3. 前往Coinbase，在首頁點選右上角的**「Send/Receive」（出金／入金）**，**「Send」（出金）**彈出視窗就會出現（圖7.4）。

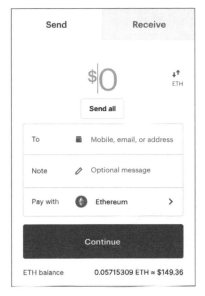

圖7.4　Coinbase「出金」彈出視窗

　　先看一下彈出視窗中的**「Pay with」（支付方式）**欄位，如果沒有顯示以太坊，就點選「支付方式」並選取**「Ethereum」（以太坊）**。

4. 把你的地址貼到出金彈出視窗中的**「To」（出金至）**欄位，並確認這個地址和你之前貼到文字檔上的地址完全相同。

　　接下來，輸入你要轉出的以太幣金額。你帳戶中的以太幣餘額會顯示在彈出視窗的最下方。填妥以後就按**「Continue」（繼續）**。

5. 仔細檢視以下資訊：

· 出金金額。

· 出金地址。

· 出金幣別。

請注意上面顯示的出金金額可能和你輸入的略有落差，那是因為在你輸入金額之後，以太幣的價格可能已經出現變化。務必確認再確認，如果一切都沒問題了，請按下「Confirm」（確認）。

6. 輸入 2FA 驗證碼，再按下確認鍵。

如果這是你第一次從 Coinbase 轉出加密貨幣，系統可能會針對這筆交易設定「初始延遲」（initial delay）。不然一般情況下，10 分鐘內這筆錢就會出現在你的 MetaMask 錢包裡。

銷售你的 NFT

現在你的前置作業都已經完成，MetaMask 錢包不再空無一文，該來市場裡試試水溫、銷售你的 NFT 了。

出售 NFT 的方式

在 OpenSea 上銷售 NFT 的方式有以下三種：

・開放出價。

・設定價格。

・發起拍賣。

你也可以把幾個 NFT 打包起來，以套組形式出售。銷售 NFT 沒有所謂最佳方法，端看你想怎麼做。

一、開放出價。 很多 NFT 創作者因為不確定該如何定價，也還沒準備好進行拍賣，就直接放著不管，開放出價。這意味著任何人都可以對任一 NFT 出價，而 NFT 創作者（或目前的擁有者）可以決定要接受或拒絕對方開價。

這個方法很適合用來測試市場，看出市場對那些 NFT 的評價。但不要什麼都不做，坐等他人開價。如果你的 NFT 沒沒無聞，不可能有人出價。如果你有心想賣，還是得行銷，請見本章後段。

請特別注意 OpenSea 上的開價通常會在 10 天後失效，出價者也可以隨時取消。因此，看到漂亮的價格就不要拖。每次有人對你擁有的 NFT 出價，OpenSea 都會寄送通知信到你的 Email 信箱。

NFT 鑄造完成後，自然就在市場上了。因為說穿了，

OpenSea就是一座商城。因此你什麼都不必做，其他人就可以對你的NFT出價。

二、設定價格。如果你已經想好手中的NFT要賣多少錢，可以不用被動地等其他人出價，直接主動開價。任何人都可以支付你設定的價格後，買下那枚NFT。其他人也可以出低於定價的價格，再由你決定要不要接受。

價格怎麼設才合理？這很難說，因為NFT是獨一無二的，這也是它如此熱門的原因之一。

就像在賣房子的時候，定價通常是看最近出售的類似房型（大小雷同、位在相同社區等）成交價多少，如果你的NFT是系列NFT中的一個（如：謎戀貓），可以看看最近其他謎戀貓系列NFT的成交價格，依此為你的NFT設定合理價格。

然而，如果你要賣的是一款絕無僅有的藝術品，那就很難找到可類比的商品。在這種情況下，這塊市場就和多數市場一樣，以供需決定售價。你要賣的NFT是「僅此一個」，抑或是多個版本中的「其中一個」？當然「僅此一個」比較珍貴。

再來，你還需要判斷你的NFT潛在需求有多大。你有多少追隨者？你有辦法讓他們對你的NFT產生多大熱誠？你會用什麼方式行銷與促銷？

此外，也要考慮你的NFT包含哪些福利或可解鎖內容？

它們價值多少？

　　如你所見，NFT的定價是一門藝術而不是科學，剛起步的時候尤其是如此。你只要依據上述因子做最佳估算就好了。不過，我們建議「喊高不喊低」。第一，你永遠不知道會發生什麼事，或許有人願意用較高的價格購入。第二，NFT就像紅酒一樣，標價越低讓人感覺越廉價。第三，你隨時都可以降價（降價不需要支付OpenSea任何礦工費）。

　　三、發起拍賣。你在OpenSea上可以發起兩種拍賣：常見的英式拍賣或荷式拍賣。

　　英式拍賣就是一般常見的拍賣法，從低價往上喊，在拍賣結束時，由出最高價的人得標。你需要設定起標價和底價，底價就是你可以接受的最低售價。如果沒有人出超過底價的金額，拍賣結束時，NFT就不會售出。

　　請注意在OpenSea上，如果某人在拍賣結束前10分鐘下標，拍賣結束時間就會延長10分鐘，這是為了避免有人在最後一刻搶標，以確保所有潛在買家都有機會投標。

　　一般而言，拍賣會要到最後才會進入高潮，因為潛在買家都不想太早亮牌。因此，如果拍賣剛開始的時候很冷清，也無須感到氣餒。

　　如果拍賣結束前，沒有任何買家現身，那也不用擔心。你隨時都可以再為這個NFT辦一場拍賣會，或是改以設定價格或開放出價的方式出售。

荷式拍賣中，NFT的價格從高點逐步往下降。第一個接受標價的人就得標，因此不會像英式拍賣一樣出現一連串的標價。荷式拍賣的優點是可以激起買家的FOMO心理。參與者擔心自己等太久，拍賣品就會被買走，之後就不會再有第二次機會。一旦有人買下那個NFT，拍賣就結束了。

我們建議你在設定起標價的時候，要設得比預想價格高很多。因為你永遠不知道會不會有人提早出手。

在OpenSea上，你可以設定起標價、最終價和拍賣期間。OpenSea會自動依比例逐步降價，直到拍賣截止日為止。

四、建立套組（Bundle）。 你也可以用套組方式販售NFT，也就是將多個NFT打包成一組，一起販售。你可以隨意組合手中的NFT。如果手上有一整組成套的NFT，就很適合建立套組。舉例而言，格隆考夫斯基的NFT四冠套組，分別代表他的四座超級盃冠軍。

要特別注意的是，OpenSea上的NFT套組只能用設定價格的方式出售。

上架並銷售NFT

這一小節我們要按步驟講解NFT的上架方法。進入上架流程之前，我們建議你先檢視一下系列設定（collection settings）。你的系列長什麼樣子與它的描述是NFT呈現方式的一環。最重要的就是，確認目前設定的權利金比例符

合你的期待，以及支付地址正確無誤，請見第六章。連上OpenSea以後，進入你想販售的NFT頁面，點選右上角的**「Sell」（出售）**就可以進入上架頁面（圖7.5）。

　　你要做的第一件事情是確認現行權利金比率正確，這個數值應該會出現在右方欄的下方，歸在**「Fees」（費用）**區的**「To OpenSea」（OpenSea抽成）**底下。如果找不到你的系列名稱和你設定的權利金比率或是比率錯誤，請回到上一頁修改系列設定以後，再進行下一步。

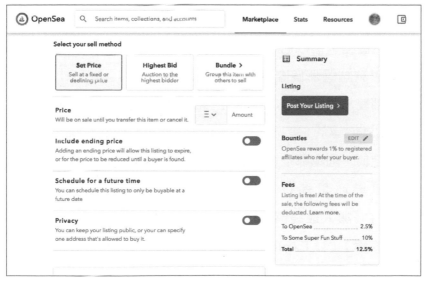

圖7.5　OpenSea上架頁面

　　一、上架類別。如果現行權利金設定沒問題，接下來就要選擇上架類別。選擇**「Set Price」（設定價格）**、**「Highest Bid」（最高出價）**開始英式拍賣或**「Bundle」（發行套組）**。如果想舉辦荷式拍賣，要選擇設定價格。

　　設定價格請參考圖7.5。系統預設的定價幣別是以太幣，在畫面上會以三條水平線的圖示代表（圖7.6）。

圖7.6　以太幣圖示

　　這個圖示在OpenSea上代表以太幣。如果想改用其他幣別定價，請點選那個圖示。目前其他選擇只有DAI和USDC，兩個都屬於釘住美元的穩定幣（stable coins）。換言之，1 DAI或1 USDC等於1美元（或是極接近1美元）。我們建議用以太幣來定價，因為那是OpenSea上最為普及的幣別。

　　如果你想進行荷式拍賣，要打開**「Include ending price」（加入最終價）**的開關。接著設定**「Ending price」（最終價）**與**「Expiration date」（有效日期）**，以及這一場荷式拍賣會的結束日期與時間。如果你不是想舉行荷式拍賣，那就維持「加入最終價」的開關關閉即可。

　　如果你希望預設上架的時間，可以打開**「Schedule for**

a future time」（**未來排程**）的開關。選擇你希望上架的日期與時間。

如果你希望私下販售NFT（給特定人），請打開「**Privacy**」（**私密**）開關後，輸入買家的以太坊地址。如此一來，你的NFT就不會公開上架，只有與你輸入的地址相對應的買家可以購買該NFT。

如果你想進行英式拍賣，首先要選擇「**Highest Bid**」（**最高出價**）。請見圖7.7。

首先，你應該要設定「**Minimum bid**」（**起標價**），就像設定價格的時候一樣，你可以選擇幣別。我們建議底價設得低一點，例如0.01顆以太幣，你也可以維持在0。如果希望

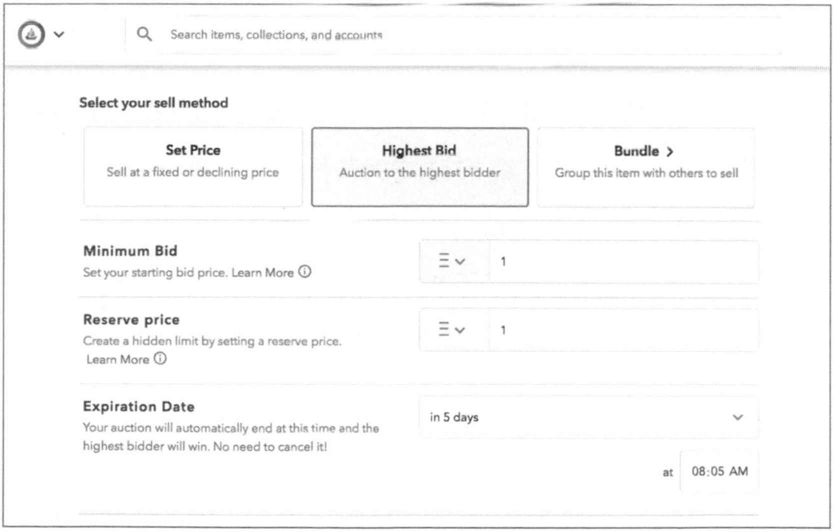

圖7.7　OpenSea 最高出價設定

他人覺得那個NFT價值不菲，可以把起標價訂得高一點，但別忘了起標價高也可能降低他人投標意願，讓你較難吸引到第一位投標者。

接下來，你需要設定**「Reserve price」（底價）**。底價在OpenSea上被設為必填內容，而且至少要達到1顆以太幣。如前所述，如果拍賣會結束時的最高下標金額未達底價，這場拍賣會就會流標。因此，底價不要設得太高。

> OpenSea上的拍賣會結束之前或之後，你都可以接受下標。

最後，你還要設定拍賣會的**「Expiration Date」（有效日期）**，包括拍賣會結束的日期與時間。比較理想的做法是給自己足夠時間，來讓這場拍賣會的消息散播出去。但與此同時，拍賣期間短會給予下標者急迫感，也有它的好處。我們建議設五天，但三到七天也可以。請注意目前OpenSea還沒有設定未來拍賣時程的功能。

二、套組。選擇**「Bundle」（套組）**就可以把兩個或多個NFT設為套組販售。點選「套組」後，會連到你的帳號頁面，讓你選擇要設為套組的NFT。直接點選NFT即可。

完成後，點選頁面最下方**「Sell Bundle」（販售套組）**的按鈕，按鈕上會顯示你總共選擇了幾個NFT。接著你就會回到上架頁面（圖7.8）。

　　你要做的第一件事情就是幫套組命名。我們建議取一個敘述性的名稱，讓潛在買家不需要猜測套組內容，也不會感到困惑。像是「格隆考夫斯基超級盃冠軍套組」。不過，你當然也可以發揮創意。

　　其餘選項和之前討論設定價格時的選項一致，請參閱該小節。

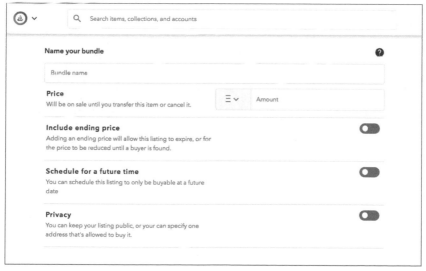

圖7.8　OpenSea套組設定

三、上架你的NFT。完成上架所需的所有項目設定後，請確保上架頁面右上方的摘要內容都沒問題了（圖7.5）。

如果資訊看起來正確無誤，就可以點選**「Post your Listing」（上架NFT）**。如果這是你第一次用這個帳號上架NFT，你的MetaMask錢包應該會跳出來，顯示你需要支付的礦工費。如果MetaMask錢包沒有自動跳出，就要手動開啟。請注意總費用等同於礦工費。

如果現在的礦工費很高，或是你的帳戶餘額不足以支付礦工費用，可以拒絕這次交易，待日後再上架。如果要儲值以太幣到MetaMask錢包，請依循這個章節前段介紹的入金流程。

確認沒問題後，點選MetaMask錢包中的**「Confirm」（確認）**。你的交易可能要幾分鐘才會獲得以太坊網絡確認，流量高的時候會拖更久，請耐心等候。交易確認後，你可能還要確認一筆小額交易來核准WETH支出。WETH的詳細內容請見第八章。完成後，你的NFT應該就會順利上架。恭喜你！你的NFT開賣啦！

下一次（與未來無數次）在你的帳號中上架NFT時，就不需要支付任何費用了。點選「上架NFT」後，MetaMask錢包會跳出來。這次，你只要點**「Sign」（簽署）**鈕就可以了。請注意，如果你創辦了新的OpenSea帳號，用新帳號首度上架NFT的時候，還是需要支付礦工費。

現在你的NFT正式開賣，該來設法吸引潛在買家並炒熱

買氣了。為此，讓我們談談如何行銷。

行銷你的NFT，讓更多人看見

　　成功的企業、藝人和名人常讓人產生「一夕成名」的錯覺。我們熱愛這些故事，因為聽起來任何人只要運氣夠好就無所不能。NFT的世界裡充滿這樣一夕成名的美夢。對許多旁觀者而言（或許你也是其一），NFT是個嶄新的場域，因此很容易誤以為成功的NFT交易案是一蹴可幾的成就。不管製作NFT的人在跨入這個領域之前，是不是自帶粉絲的知名藝術家，我們都假設對方只是拋出一個NFT，其他人就奇蹟似地發現了這個NFT，並決定花錢購買。我們往往會忽略交易背後那些為NFT尋找買主與市場的過程，直接就跳到最終結果。

　　如果今天你創建並鑄造一個NFT，隔天在社群媒體上發布消息並在隔日上架，八成不會有任何人出價。為什麼？

　　第一，這是一場競賽。現在NFT的數量已經太多了，如果你不好好說明自己的NFT為什麼有價值，其他人根本不會在乎，多的是其他選擇。對你而言很合理的事情，如果沒辦法傳達給收藏家，他們就看不到這份價值。

　　第二，你現有的名聲不會自動轉換成NFT的名氣。我們看過無數追蹤人數破千萬的名人，一個NFT都賣不出去，完全沒

人出價。我們也看過在實體拍賣會上所向披靡的藝術家，跨到數位場域卻悲慘翻船。我們不會透露這些人是誰，讓他們灰頭土臉毫無意義。從實際面來看，我們從中學到的唯一一件事情就是銷售NFT很複雜，不管你是誰都必須審慎以待。

第三，世界上不存在幫助你推銷並擴大NFT收藏家群體的NFT演算法。這不是推特或Instagram，只要用對幾個標籤（hashtags）、登上探索或趨勢頁面就可以爆紅。我們已經習慣了這種靠演算法成長的模式，在考量演算法會將哪些內容推播給群眾之後，依此創作內容。但NFT市場上不存在任何演算法，你得自己設法讓買家注意到你的NFT。沒有任何人會幫你做這件事。即使你說服OpenSea的策劃人（curator）把你的NFT放到首頁上，也不代表就會有人出價。我們一天到晚在看策劃人的精選NFT清單，經常看到同樣的NFT在精選首頁掛了一周還是滯銷。

但你不應該因此就被嚇跑。一名NFT藝術家麥特·肯恩（Matt Kane）在接受美國媒體CNBC專訪時表示：「你要知道在那6,900萬美元銷售額當中，有許多價格極為平實的交易案，支撐著眾多受認可的藝術家。」

不是每一個NFT都會擊出全壘打，創下六位數交易額。你的目標也不應該是靠著幾個NFT一夕致富，開心享受奢華的退休生活。這件事情幾乎不可能發生。但是，只要用對行銷策略，你就可以開創收藏家客群，這些人會願意長期支持

你。你可以藉此在這塊不斷成長的市場上分得一杯羹，並建立對你而言具實質意義的額外收入。

怎麼做？這麼說吧！ NFT銷售，一切都關乎「社群」。

打造社群

現在這個時代，行銷NFT和宣傳podcast的情況最為相似。你錄好一段podcast之後，就可以放到Spotify或是Apple Music上，但是除非你發揮創意來行銷，否則就不會有人知道你的podcast。沒有演算法，你必須靠自己找到願意追蹤的人。你必須決定目標聽眾與podcast的切入角度。你要如何觸及這批聽眾？用什麼方式吸引他們首度收聽？ podcast的內容可以提供聽眾哪些價值，讓他們願意再聽下一集？最後還要自問，你創造的內容是否會讓核心聽眾願意和他們的朋友分享，進而使你的podcast有機會壯大？

為你的NFT建立收藏家社群的過程中，你也得問自己上述那些問題。這些年來你已經累積了一批粉絲，他們追隨你的原因五花八門，現在你要以NFT的形式推薦他們截然不同的東西。他們或許會關心，也許不會。你現有的觀眾群和你的NFT收藏家群可能截然不同。這也是必須考量的一點。

我們常常會看到podcast陷入跟風邏輯而失敗。某個podcast大獲成功，攏獲大批聽眾後，引起其他podcaster推出雷同的podcast。《Serial》就是個經典案例。它開創了「真實

犯罪事件簿」（True Crime）這個 podcast 類別，結果成為最
突出的一類 podcast，催生了無數個大同小異的節目。

　　NFT 也是如此，特別常見的是完全抄襲某種藝術美學。
現在市面上光是模仿寶可夢卡的規格創造出的 NFT 就多達數
千個。8 位元加密龐克計畫大獲成功後，催生了電腦自創 8 位
元 NFT 計畫革新潮。

　　有些人靠著這種方式成功，但模仿他人的最終結果就是
你的收藏家社群達到一定規模以後，就無法再進一步擴展。
原因很單純，就是你永遠不可能超越原創。

　　按照這個邏輯，打造收藏家社群這件事，並沒有可以依
循的模板或是捷徑。每個人的狀況都不盡相同。福特諾的
NFT 靠某種方式成功，但套用在泰瑞的 NFT 上未必有用，
反之亦然。

　　重點是每一個人的 NFT 行銷策略都應該以打造收藏家社
群為核心。這個社群的人數可能從 3 個人到 3,000 人，但最終
目標就是要找到為你的數位化資產狂熱的超級粉絲，他們會
以擁有你的早期作品為榮。你可以透過教育並轉變你的既有
粉絲來找到 NFT 的收藏家，也有可能吸引到全新的客群。把
重點放在打造收藏家社群，可以幫助你開創長期成長策略，
使之延續數年，而非只為單一次 NFT 上架而存在。

　　曾經起過作用的策略或技巧未必會二度成功，但是該做
什麼事情依然有原則可循。

一、了解你的受眾。 2016年，布雷克・傑米森（Blake Jamieson）正式開始進行藝術創作時，利用過去在行銷界的人脈來決定創作方向。傑米森接受CNBC專訪時表示，他巧妙地應用了所有卓越的行銷人員都懂的道理，那就是：「你為誰服務？又解決了什麼問題？」做行銷的時候，傑米森為眾多科技業客戶服務，這些成長型科技新創有一項特質引起了傑米森的注意：他們的辦公室缺乏色彩。傑米森據此想到了他的賣點——為辦公室創作藝術。他的職涯順利起飛，為辦公室設計了各式各樣的藝術品。

隨著追隨者越來越多，傑米森跨出關鍵一步，就是和觀眾對話。其中一位觀眾是前NFL外接員傑瑞德・費森（Jarred Fayson）。費森非常喜歡傑米森的作品，也深知他的風格可以獲得其他運動員的青睞。因此，費森請傑米森免費幫他的幾位運動員好友創作三樣作品，換取那些朋友免費幫傑米森打廣告。如此一來，其他運動員自然也會入坑。傑米森相信費森，投入了這項計畫並大獲成功。傑米森開始收到一些運動員的私訊，他們在隊友的置物櫃裡看到傑米森的作品便來信詢問。在那之後，傑米森幾乎是瞬間把自己的賣點換成「我為運動員創作藝術」。最後，傑米森在運動界的成就獲得球員卡公司Topps認可，聘請他投入「2020 Topps計畫」（Topps Project 2020）。那一項計畫邀請來自各領域的藝術家，按照自己的風格重新設計20張經典棒球球員卡，最終傑米森取得

了非凡的成果。

同一年，傑米森開始跨足NFT領域。傑米森非常清楚自己的受眾是誰，在這樣的基礎上選擇結合普普藝術與運動員頭像。截至目前為止，他非常成功地售出了多個NFT。這完全要歸功於他投入時間了解受眾，並且依據受眾的喜好、他個人的喜好來調整創作方向。

你要怎麼了解受眾？和你的粉絲對話，就這麼簡單。聽起來很直覺，因為它就是這麼直覺，但很多人都沒有這麼做。我們經常會忘記追蹤我們的帳號背後是活生生的人，他們會追蹤我們是有原因的。找到那個原因，並以此為基礎。

你的受眾對你有什麼期待？為什麼他們要追蹤你？他們喜歡的是你的藝術作品還是你本人？這兩者不太一樣。

了解受眾之後，就可以開始著手教育。你要讓他們了解和收藏NFT相關的訊息，也要傳達自己投入NFT的原因。

二、內容行銷與教育受眾。你該如何推廣Instagram帳號？當然是透過內容囉！NFT也是如此。如果內容無法引起他人共鳴，你永遠無法賣出任何NFT。分享你的作品就是銷售NFT的第一步。

奧斯汀・克隆（Austin Kleon）有一本很棒的書叫做《點子就要秀出來》（*Show Your Work*，張舜芬、徐立妍譯，遠流出版，以下引用此版譯文）。這本書的重點你應該已經猜到了，就是把點子秀出來多麼重要。克隆在書中列出了10個讓

你的作品被他人注意到的原則：

1. 你不必是天才
2. 要想過程，不要想成品
3. 每天都分享一點點
4. 打開你的奇寶房
5. 說好聽的故事
6. 教別人你會的東西
7. 別變成人肉垃圾郵件
8. 學著挨打
9. 賣出／出賣
10. 堅持下去

　　這些原則可以適用在藝術家、設計師、網頁開發人員和喜劇人員等各種職業別上，NFT創作者也不例外。

　　如果這是你第一天研究NFT，不要害怕公開分享你學習的過程。拍一支影片分享你如何做研究、向專家討教NFT相關知識、了解NFT這塊領域；和NFT藝術家來場FaceTime對談並錄影。與他人分享你創作NFT的過程，也分享你在創作各個NFT時的起心動念。

　　在正式推出NFT之前，記得先幫大家暖身，因為對九成九的人而言，NFT都是新的東西。很多人會犯一個錯誤，就

是在自己的NFT要上架前一天、當天甚至隔天才和粉絲提起這件事。最後他們發現，很多粉絲根本還沒準備好要買任何NFT。他們既沒有數位錢包，也沒有任何加密貨幣，他們也不了解購買或收藏數位資產有什麼價值。

你要為你的NFT帶起風潮並創造需求，這意味著你得分階段向粉絲展示作品。你不需要為NFT特別打造全新的行銷管道，但不管你的觀眾在哪一個平台（臉書、Instagram、推特、TikTok、Email等），都要持續透過那個管道與他們溝通。

在分享自己探索NFT這個過程中，你或許就會發現觀眾群裡有些人已經知道NFT是什麼。這些人可能會為你指路，甚至可能告訴你，他們想要從你這邊收集到哪些NFT，並成為你的前幾位買家。

Pplpleasr（念法同「people pleaser」）這位NFT藝術家，就是懂得展示作品的卓越個案。（譯註：people pleaser直譯是「討好他人的人」。）雖然從多數人的標準來看，她都是一名「已經成功」的NFT藝術家，但她仍持續向追蹤者說明自己接下來要創作些什麼。近期她因為公開批評NFT市場的集中性特質而受到關注。她如此坦率地分享自己的想法非常勇敢，但對她而言這就只是在分享自己的學習過程而已。她不怕提問、提出論點，也不怕引起討論。

泰瑞積極網羅的NFT藝術品是埃爾默・達馬索（Elmer Damaso）和艾瑞克・麥肯齊（Erik Mackenzie）創作的《刺客

王國》（*Kingdom of Assassin*）漫畫。他們推出的NFT其實只是兩人為這個系列漫畫畫的草圖。雖然漫畫出版好幾年了，但泰瑞對於可以擁有最終版本問世前的草圖非常感興趣。他想收藏兩位藝術家呈現作品的過程。

利用內容行銷的策略來推銷你的NFT有許多好處，可以幫助你的觀眾了解NFT，也可以藉此衡量他們是否有興趣擁有NFT，還可以透過這些內容接觸到新受眾。你花越多時間分享並創作NFT相關的內容，就是給自己越多時間來尋找收藏家。

三、與收藏家對話。要找到NFT收藏家並不難，你可以直接到Foundation或OpenSea去找任何一位擁有NFT的人。有些用戶會在個人資訊頁上秀出推特帳號，和他們聯繫有利無弊。

錢包與NFT交易背後都是活生生的真人，這當中有不少人樂於和NFT新手對話，並分享自己的看法。

問問他們為什麼會購買特定幾個收藏品，是為了投資、投機、美感？為了支持藝術家、透過擁有這個藝術品獲利？還是有其他你沒想過的原因？打聽看看有哪幾位NFT藝術家特別懂得規劃NFT的發行。懷抱著好奇心，想知道什麼就盡量向他們請教。

每一位優秀的行銷人都會與顧客對話。他們向客戶學習，並徹底了解顧客，再設計出可以吸引對方的產品，並提供顧客價值。

雖然不能期望過高，但我們甚至聽過「NFT鯨魚」（NFT

whales，即以大量購買NFT著稱的用戶）在收到NFT藝術家客氣詢問、請他們看一下自己的NFT之後，就真的這麼做並正式下單。

你永遠不知道和這些NFT收藏家的對話會如何開展。無論如何，他們在NFT領域打滾的時間都比你長，也有豐沛的知識可以與你分享，更不要說他們本身已經被說服，願意花錢購買數位資產。光是這一點就給予你充分的理由展開對話。

創造市場

NFT行銷最艱難的一環，就是從找到收藏家到上架這段過程。只要知道誰願意收藏你的NFT，並讓他們知道你要上架NFT，你就已經為NFT開拓好市場了。你要讓收藏家和你站在同一條線上，準備好迎接即將上架的NFT。

在股票的世界裡，公司上市前會先進行路演（roadshow），也就是四處拜訪投資銀行，說服他們為什麼自己是現在市面上最熱門的新股票。銀行家會瀏覽這些企業的財務數字、設定價格、談妥上市前協議，之後再引領企業上市。因為有經過這個造市的過程，企業在上市前就已經找到好幾位認同公司願景的銀行家，願意代替他們宣傳新股。這些銀行家會發新聞稿、上知名主持人吉姆・克瑞莫（Jim Cramer）的《瘋狂錢潮》（*Mad Money*），平時也會為這檔股票說好話。

為NFT造市的概念也差不多是這樣。你要為自己來一場

「IPO路演」，讓其他人準備好迎接你的NFT。換言之，你要和對你有興趣的收藏家討論定價、版本數目、他們有可能感興趣的福利等。理想狀況是在這個過程中，你就可以獲得潛在收藏家的承諾，讓他們在NFT上架首日出價。

一、版本、福利與定價。造市的目的是要在多名收藏家之中創造需求，如果某個產品只有一名顧客，那就沒有市場。反過來說，必須有多位買家才能構成一個市場。因此，你發行的NFT有幾個版本、各個版本定價多少和附加的福利方案應該要有一貫性，共同目標就是要盡可能增加你市場中的收藏家人數。

版本數量就是你的供給。讓我們回頭看看基礎經濟學，供給線與需求線的交點就是最適價格。供給過剩的時候，消費者會認為你的定價過高，進而導致需求下滑。反之，供不應求時，你會因為無法滿足所有需求而放著錢不賺。我們的建議是供給寧願少不要多，因為NFT轉售的時候，你還是可以獲得權利金。這時候，你之前費力找尋收藏家的過程就會長出果實了。你希望每一個想要你的NFT的人都能如願嗎？那就以同個價格發行多個版本。還是你比較希望你的NFT相對排外、令人亟於追求？如果是這樣，那就減少發行版本數。

美國藝術家兼主持人DJ Skee與Topps的「Project 70」球員卡合作案是絕佳實例。他讓市場需求決定每一張卡片的需

求，藉此巧妙測試各種造市動能（market-making dynamics）。DJ Skee每一張卡片求售的時間只有三天，買家人數就是他們發行的版本數。觀察這些可供收集的卡片在轉售市場上的銷售狀況將十分有趣，因為可以想見一開始需求較低的球員卡，長遠而言反而較為稀有。

放膽嘗試各種決定NFT供給的方式吧！

福利是另一個造市時的要點。實體優惠會讓你的NFT需求擴及到更多人，因為你可以把NFT連結到一些對收藏家而言可能更有價值的實體體驗。

2021年4月，知名饒舌歌手A\$AP Rocky推出七款NFT，其中最受矚目的是一枚「獨一無二」的NFT，內含尚未發行的A\$AP Rocky歌曲〈\$ANDMAN〉片段。未發行的樂曲本身就很吸引人了，A\$AP Rocky還加碼送上「與他面對面錄音」的機會。如此一來，這個NFT的客群就擴大了，不再只有A\$AP Rocky的粉絲而已。其他歌手的粉絲可能也會想和A\$AP Rocky一起進錄音室，也有人可能只是想看看A\$AP Rocky如何點樂成金。最後，那個NFT以超過5萬美元的價格出售。

你要提供哪些福利，才可以擴大NFT的原始需求基礎？在和收藏家對談的過程中，他們有沒有提過想要什麼，或想和你一起做些什麼？

不過長遠而言，過度仰賴福利來推高NFT的價格可能是一大陷阱。只要能夠擴大你的收藏家群體，任何做法都值得嘗

試。但是，不要陷入「這些實體經驗等同於NFT」的思維中，因為它們不是NFT。這些歸根究柢只能說是行銷戰術而已。而且福利兌現以後，就無法再為擁有那個NFT這件事情加值了。

定價則建議與目標一致。價格完全取決於你的收藏家和他們願意花多少錢，你應該訂定一個對他們而言合理的價格。然後，不要想太多。沒有人真正知道一個NFT的價值，一切端看買主願意花多少錢。如前所述，通常先把價格訂得低一點、建立死忠收藏家群體比較好，不要一開始就開出天價。

講到這個，就要提到現今一套絕佳造市戰術：免費NFT。

二、免費NFT。免費把作品送人是讓人對你的作品產生興趣的好方法。聽起來違反直覺，很難想像你免費送人的東西未來會產生價值。但其實現在有很多熱門的NFT項目，一開始都是免費的。加密龐克最初上架的1萬個Punks全部免費贈送，藝術家Beeple超過10年的時間都在創用CC（Creative Commons）上免費發表作品。他們都是先提供他人價值，之後才賺到錢。

造市的目標就是為你的NFT市場建立動能，並引起買家興趣。找到越多願意收集你的作品的人，你的作品就會因為奇貨可居而越發搶手。

實境節目《樂高大師》（*LEGO Masters*）決賽選手潔西卡·萊卡錫（Jessica Ragzy）是樂高界要角。她從樂高獲得啟發創造的NFT定價不高，藉此吸引收藏家。她每天都會發行

一款要價50美元左右的新NFT。她可以拉高價格嗎？十之八九。但是，她想做的是建立收藏家客群。Topps球員卡一包只要幾美元，人人都可以成為收藏家。如果一包要價超過500美元，收藏家大概只會剩下現在的一小部分而已。

免費或低價NFT最初可能會犧牲掉一些金錢收入，但它的優勢就是可以讓所有人參與。你不只可以透過這個方式擴大收藏家客群，也可以給予早期收藏家一些好處，讓他們日後轉售能賺一筆。而如果你創造的NFT幫助他人在未來賺了點小錢，他們就會持續回購，也樂於和全世界的人分享你的NFT有多棒。

成功的NFT不是一蹴可幾

讓我們再次回顧這個小節的破題重點並以此作結：NFT的世界裡沒有一夕獲得的成就。你隨便講一樁NFT銷售案，我們都可以告訴你賣家在銷售前花了多少心力做行銷。

有些人花在行銷和銷售NFT的心力較少，有些人或許選擇了看似套公式的行銷流程。但其實在推銷NFT的過程中，沒有任何成功方程式，就是要努力、拚命分享、與他人對話，並找到在雜音中抓住他人注意力的方法。

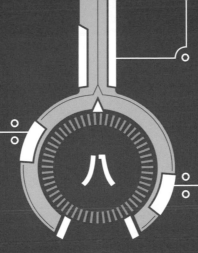

八

購買你想要的 NFT

　　這世界上存在數以百萬計的NFT，分布在許多不同市場上。假如有一或兩個NFT引起了你的注意，價格又合理，何不出價或直接買下來呢？

　　這個章節我們就要來一步步說明如何購買NFT，並提供建立收藏的策略。但首先，讓我們先談談為什麼要買NFT。

為什麼要買NFT？

　　我們很常被問到：「既然不用買就可以取得並展示某個NFT影音，為什麼還要買呢？」這個問題的核心其實是一個人盡皆知的道理：「免費就能取得的東西何必花錢買？」這個問題其實牽涉到讓NFT獨特且稀少的技術，這一點我們在第一章當中已經提過了。

　　這個小節不會從科技角度探討購買NFT的理由，而是要談更深層的個人原因。購買NFT的原因可能有幾個，有些和購買實體藝術品的原因相同。以下是幾個例子：

- 意義
- 功能
- 投資
- 聲望
- 收藏

　　上述理由互有牽扯，也不存在明確分野。任何一樁NFT交易案的背後，都可能牽涉多項購買因素。

收藏 NFT 的意義

　　就像畫作或其他藝術品一樣，NFT可以挑動你的情緒，像一個鏡頭似地讓你窺探並揭露它背後更深層的意涵與認知。例如：Beeple受賽博龐克啟發而創作的NFT，就因為符合人對世界現況與未來走向的觀察與感受，引發共鳴。

　　或許你對於那位藝術家的主張或過去經歷感同身受，而他們的故事透過NFT觸動了你的心。又或者你是一位《回到未來》（*Back to the Future*）鐵粉，因此搭載了「通量電容器」（flux capacitor）的3D版迪羅倫時光機（DeLorean），那NFT是你絕不會錯過的東西。（譯註：《回到未來》是1985年上映的經典科幻電影。劇中主角布朗博士把汽車改裝成「迪羅倫時光機」，當時光機時速達到88英里的時候，就會靠著通量電容器穿越時空。）

　　不管那枚NFT對你的意義是什麼，那個意義就是促使你出手的原因。

NFT 帶來的功能

　　有幾種NFT可以提供實質功能，像是電玩遊戲內的物品、網域名稱和數位地產。舉個例子。你是F1 Delta Time的

遊戲玩家，如果想強化你的賽車，可以試著升級變速箱，其中一種做法就是購買變速箱的NFT。是的，變速箱的NFT可能沒什麼深奧的意義，但它的功能很明確。

「.eth」和「.crypto」的網域名稱也是以功能性為主要用途的例子。你可以用那些域名來取代冗長的加密貨幣地址。不過與此同時，區塊鏈的域名也有它的意義，因為它可以像分身一樣代表你這個人。

數位地產就像真實的房地產一樣，既有功能也有其他意義，那是一個你可以建造並居住的地方，還可以依喜好選址。

利用NFT投資

還有一個我們很常被問到的問題是：「NFT值得投資嗎？」我們並沒有要提供任何投資建議，但可以分享我們的看法。如果你相信NFT仍在剛起步階段，而且會成為下一個關鍵領域（the next big thing），那麼NFT整體而言應該就值得投資。然而，你沒有辦法投資NFT這個「整體」，只能投資特定的NFT。好，那麼假如你是為了投資才想購買NFT，哪些NFT值得投資？

答案取決於你的投資目標。就像實體藝術世界一樣，已成氣候的知名藝術家的作品存在既有需求，相較於無名藝術家的作品未來也較可能增值（或至少可以保值）。不過如果無名藝術家日後走紅，作品增值空間十分可觀。最終還是要

回歸成本與報酬的權衡。

　　請記得，整體而言投資藝術品和NFT都有風險。如果是投資大藝術家，你得砸一大筆錢，承擔相應風險。不過隨著時間過去，藝術品或NFT的價值可能是投資金額的好幾倍。以Beeple的「交叉路口」（Crossroads）NFT為例，2020年12月價值66,666美元，兩個月後轉售價格高達660萬美元。

　　大藝術家的作品未必較能確保高報酬。事實上，價值還可能下滑，但是通常下滑幅度不會太大。要特別留意的是，我們在第三章中提過，實體藝術品還有一個風險，是日後可能被發現是贗品。

　　投資的另一端則是「投機」。購買無名或小牌藝術家、NFT創作者的作品就是一種投機行為，希望他們成名之日，作品價格會跟著水漲船高。由於小牌藝術家的NFT價格通常較低廉，你有機會一次投資多名藝術家來分散風險。只要其中一位走紅，你的NFT投資組合整體而言就有望締造驚人報酬。這部分請參見本章後段談及「建立NFT收藏」的小節。

　　有些人喜歡投資具收集意義的NFT。例如：他們會購買好幾個NBA Top Shot卡包，希望可以買到雷霸龍·詹姆斯或其他巨星的精彩好球影片，再到次級市場轉售熱門的NFT，換取優渥報酬。2021年4月，雷霸龍·詹姆斯向柯比·布萊恩（Kobe Bryant）致敬的經典灌籃片段，以NBA Top Shot的NFT形式賣出，價值387,600美元。（譯註：傳奇球星柯比·

布萊恩2020年在直升機墜毀意外中身亡,雷霸龍·詹姆斯在該年10月的總決賽上,在灌籃的同時大力拍了一下籃板遭裁判吹哨。球迷發現布萊恩多年前出賽時也做過相同的事情,因此推斷他是在向多年戰友致敬。)

投資NFT,或者說投資藝術品的好處是,你可以享受自己買下的NFT。如果這些NFT對你而言別具意義,更是如此。

獲得聲望

我們就別裝了,很多人都愛炫耀,這也沒什麼不對。購買並展示藝術品與NFT很適合拿來炫耀。Lazy.com這個網站就是為此而存在的。你可以在Lazy.com上炫耀自己的NFT收藏。其他人在任何交易平台上搜尋你的名字或以太坊地址,也可以看到你的收藏品。

NFT以區塊鏈為基礎,而區塊鏈設計時就以透明為原則。因此某些層面上來說,NFT本來就是給你拿來炫耀的。

作為收藏

我們之前已經從藝術品NFT的角度談過收藏NFT這件事。不過,NFT收藏品其實也在蓬勃發展中。我們在第二章中提到,人都喜歡收集,而只要你已經踏入區塊鏈的世界,收集NFT既有趣又簡單。從謎戀貓到NBA Top Shot,再到垃圾桶小孩,多的是NFT收藏品。你要收集哪一種?

想進一步了解收藏NFT的相關資訊，請參考本章後段的
「建立NFT收藏」段落。

購買NFT的詳細步驟

這個小節將說明購買NFT的各個步驟。在前面的章節
裡，我們在OpenSea上創辦帳號，也順利連上你的MetaMask
錢包，因此這個章節我們也會繼續以OpenSea為例子。

購買NFT之前，你必須先找到想入手的收藏品。

物色NFT

物色NFT的第一步就是思考你為什麼要買NFT，請參考
前面那個小節。你或許只是為了試試看，沒什麼特別原因，
那也沒有關係。但應該還是有某種類型的NFT讓你比較感興
趣，如果沒有，現在有非常多NFT可以讓你慢慢逛，直到找
到那個抓住你目光（或你的心）的NFT為止。

OpenSea首頁是個很好的開始。你可以在這裡找到獨家
發行的NFT或趨勢收藏，你也可以選擇按照分類瀏覽。目前
OpenSea上的NFT分成以下幾類：

・藝術
・音樂

- 網域名稱

- 虛擬世界

- 收藏牌卡

- 收藏

- 運動

- 功能型

- 全部NFT

最後一個類別「全部NFT」基本上就是不分類，讓你隨意瀏覽。OpenSea首頁也有搜尋框，如果已經想好要買什麼，可以用搜尋功能。

善意提醒：就像我們在第二章當中提過的，任何人都可以用任何名稱創作NFT，包括製作山寨品。請自己做研究。如果要搜尋特定藝術家、NFT創作者、收藏或NFT時，一定要格外注意，確保你搜尋到的NFT確實就是你想找的。你要特別留意搜尋到的NFT是否已獲得驗證，已獲驗證的NFT會附上藍色勾勾，請參見第六章。如果你看到的收藏品沒有附上藍色勾勾，不代表它絕對有問題，只是你一定要好好研究一番。找到想買的NFT之後，你還得知道它上架的方式。

購買NFT的方法

如同我們在第七章當中介紹的，NFT有三種銷售模式：

・開放出價

・設定價格

・發起拍賣

我們接下來要來看看針對這三種上架方式，分別要如何購買NFT。

一、開放出價的NFT。 如果你想買的NFT開放出價，你可以直接出價，但首先要採取以下步驟。

1. 連上OpenSea，找到那個NFT的頁面並找到**「Offers」（出價）**區，再點選**「Make an Offer」（出價）**按鈕，「出價」視窗就會彈出（圖8.1）。

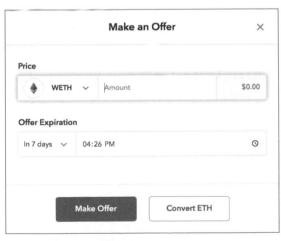

圖8.1　OpenSea上的NFT「出價」彈出視窗

目前你只能用WETH、DAI和USDC出價。第七章已經
提過，DAI和USDC屬於釘住美元的穩定幣。請注意你
不能用以太幣（ETH）出價。那麼什麼是WETH呢？
WETH是「包裝過的以太幣」，這款代幣的價值和以
太幣完全相同。OpenSea之所以要求用戶用WETH
出價，是因為WETH的功能比較多。舉例而言，
如果你用以太幣出價，希望對五個不同的NFT都出
價1 ETH，那麼你總共會需要5 ETH。但是如果用
WETH，你只需要1 WETH就可以對五個不同的NFT
下標1 WETH，不需要用到5 WETH。在這種情況
下，你的WETH會用來支付第一個獲得賣家接受的出
價。除非你的錢包裡還有至少1 WETH，不然其餘四
項出價就會被自動取消。因此，WETH的優點就是它
讓你可以用一小筆錢對多個NFT出價。

2. 如果你的錢包裡沒有WETH，請在彈出視窗中點選
   「Convert ETH」（轉換ETH）的按鈕。如果你已經握
   有WETH（或DAI、USDC），可以直接跳到步驟三。
   在「轉換WETH」彈出視窗中，點選**「Select a token」**
   （選擇代幣），並選擇ETH或你錢包裡其他代幣來轉換
   成WETH。輸入你想換成WETH的ETH（或其他你選
   擇的代幣）金額。

   我們建議你不要一口氣把手中的ETH全部換成

WETH。礦工費還是得用ETH付，而你永遠不知道什麼時候會需要付礦工費，因此隨時在錢包裡留點ETH不是壞事。此外，OpenSea上大部分的NFT都有固定價格，並且以ETH定價，因此如果你之後會想入手有固定價格的NFT，那也該為此留點ETH。

輸入要轉換成WETH的金額後，點選**「Wrap」（包裝）**鍵。你的MetaMask錢包會跳出來，如果沒有請手動開啟。你需要支付礦工費才能將ETH（或其他你選用的加密貨幣）轉換成WETH。點選MetaMask錢包裡的**「Confirm」（確認）**鍵。這筆交易應該會花數上分鐘（或好幾分鐘）。交易完成後（即指該交易獲得以太坊網絡確認），請關閉「轉換WETH」的彈出視窗。

3. 在你要購買的NFT頁面上，點選**「Make Offer」（出價）**鈕。在「出價」彈出視窗中，輸入你要下標的WETH金額。不用說，你的出價必須高於當前標價。接下來，選擇**「Offer Expiration」（出價效期）**，也就是你希望維持出價開放的期間，以及出價失效的日期（即你的出價仍有效的最後一天）。出價效期完全由你決定。維持出價開放一段時間沒有壞處，只要記得如果你想在效期結束前取消出價，需要支付礦工費。準備好以後，就可以按下「出價」鍵。

你的MetaMask錢包會跳出，如果沒有請手動開啟。

點選 MetaMask 錢包中的**「Sign」（簽署）**按鈕。你不需要付費，只要簽名即可。

你出的價格現在應該會出現在這個 NFT 的上架頁面。你隨時都可以點選與這次出價相應的**「Cancel」（取消）**鍵來取消出價。MetaMask 錢包會自動跳出，如果沒有請手動開啟。如前所述，你需要支付一筆礦工費。在 MetaMask 錢包中點選**「Confirm」（確認）**鍵，支付礦工費並取消出價。如果你決定不要支付礦工費並維持出價不變，就點選**「Reject」（拒絕）**按鈕。

賣家接受你的出價之後，交易就完成了。你的 WETH（下標金額）會送出給賣家，而你會獲得那枚 NFT。請注意在 OpenSea 平台上，這種賣方接受出價的情況下，這筆交易的礦工費由賣方支付。

恭喜！你現在是 NFT 收藏家了。你可以在自己的帳號頁面看到新買的 NFT。如果想連到個人帳號的頁面，只要在 OpenSea 的任何頁面上，點選右上角你的頭像圖示即可。

二、設定價格的 NFT。如果你想購買的 NFT 設有定價，你可以直接接受那個價格。如果覺得太貴了，也可以依循前一個小節裡的步驟，出低於定價的價格。

如果要接受定價，請點選**「Buy Now」（現在購買）**。在**「Checkout」（結帳）**彈出視窗中，點選「結帳」按鈕。

你的MetaMask錢包會自動跳出，如果沒有請手動開啟。你需要確認這筆交易，交易金額會包含一筆礦工費。請注意在OpenSea平台上，如果是買方接受賣方的定價，礦工費就由買方支付。確認交易內容無誤後，在MetaMask錢包中點選**「Confirm」（確認）**鍵，或是點選**「Reject」（拒絕）**鍵取消交易。

之後你會連到一個頁面，告知你這筆交易已經開始進行，且「以太坊網絡正在處理您的交易，可能會需要一些時間」。如果你還沒有在個人資料中設定Email和暱稱，這個頁面可能會請你填寫這兩項資料。填入Email和暱稱。請注意你的暱稱不能與其他OpenSea用戶相同。點選**「Save」（儲存）**鍵。你的MetaMask錢包會自動跳出，點選**「Sign」（簽署）**按鈕，登入OpenSea帳戶。

OpenSea可能會寄一封Email給你以驗證Email信箱。在你收到的信件中，點選**「Verify My Email」（驗證我的Email）**。

以太坊網絡確認你的交易後，OpenSea會寄Email給你，之後你就可以在自己的帳號頁面上看到這個新的NFT了。

三、發起拍賣的NFT。這個小節要說明的是透過英式拍賣購買NFT的方法，如果想購買透過荷式拍賣販售的NFT，直接套用前一小節的做法即可。

如果你想對拍賣中的NFT出價，請點選**「Place Bid」**

（下標）按鈕，會彈出視窗（圖8.2）。

下標時使用的加密貨幣必須和該NFT拍賣時設定的幣別相同（通常是WETH）。WETH的相關資訊與如何換幣，請參考前面「開放出價的NFT」小節。

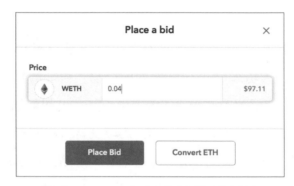

圖8.2　OpenSea上NFT的「下標」彈出視窗

下標金額必須比目前的最高出價來得高。如果你的錢不夠、沒辦法出更高的價格，就必須先儲值MetaMask錢包。儲值方式請見第七章。

在「下標」彈出視窗中，輸入你希望投標的加密貨幣數額，再按「下標」鍵。你的MetaMask錢包會彈出，如果沒有請手動開啟。點選MetaMask錢包中的**「Sign」（簽署）**以繼續出價。請注意，透過（英式）拍賣購買NFT的買家不需要支付礦工費。

你會在該NFT頁面上的**「Offers」（出價）**區看到你的

出價。你的出價會停留七天，期間隨時可以取消，但是必須支付礦工費。

如果在拍賣結束時，你出的價格是最高的，且大於等於底價，OpenSea就會自動完成交易。請注意賣家隨時可以接受你的出價，不受拍賣截止時間的限制。祝你投標順利。

建立NFT收藏

我們會因為各種原因收集某些物品，可能是童年時期的熱血重燃、想支持某些創作者、尋寶使人熱血沸騰、被美感吸引，也可能純粹好玩。我們無法告訴你應該要收集哪個NFT或為什麼應該要收集它，畢竟那是你的錢；如果某個NFT吸引到你的目光，那就放手去買吧！

不過，讓你出手收藏NFT的原因十之八九是對它好奇，或許你還希望可以藉此賺點錢。

要特別留意的是，「比傻理論」（Greater Fool Theory）的情境可能會發生在NFT市場上。比傻理論指的是某些商品價格上漲的原因並非價值提升，純粹是因為擁有者可以將定價過高（overprice）的商品賣給「更傻的人」（Greater Fool）。即使一項投資看也知道賣貴了也無所謂，只要有人願意買就好了。而你當然不想當那最後一個出手的傻子，找不到比你更傻的人承接。

我們相信絕大部分的NFT都會碰上比傻理論，但這並不代表所有NFT都會落入這個陷阱。有些藝術家會為自己樹立口碑，讓他的作品變得炙手可熱。有些NFT項目會帶來令人難以抗拒的強大功能，並增添社會所需的事物。

我們不可能告訴你確切有哪些NFT符合上述要件，但我們可以提供幾個收藏策略，提高你的成功機率。

當個NFT界的天使投資人

你可能會忍不住想把雞蛋全放在同一個籃子裡，在單一NFT項目上賭一把。當你看到現在NFT有多熱門、需求多高，就更會這麼想。但這當中的風險就是沒有人真正知道在不久的將來，還有誰或什麼事物能倖存下來。

因此，比較明智的做法是效法天使投資人或創投基金的投資策略。他們的特色就是會對多個處在草創階段的企業下注。如果他們看好手機App相關的保險，就會想辦法投資二到三個這塊領域的新創。即使他們無法一口氣平行投資特定產業內的多家企業，也會設法在多條垂直鏈上進行數筆投資。多角化投資不只讓他們獲得許多不同的機會，也可以降低風險。只要其中一樁投資擊出全壘打，就足以抵銷其他投資的損失，甚至還反賺。

要在現存的NFT中選出明日的贏家非常困難，不過這並不代表你無從判斷NFT項目的優劣。投資時，你可以思考以

下幾個問題：

- 這些NFT的創作者是誰？
- 它們是否在以長期續存為目標的基礎上，提出獨到且確實的願景？
- 這個NFT項目的用途或功能是什麼？
- 這個項目看起來有辦法吸引到很多人嗎？
- 創作團隊是否樂於回答你的問題？
- 還有誰在收集這個NFT項目？
- 收藏品眾多的收藏家也有投入收集嗎？
- 這些NFT背後是否有法人的金援？

　　請務必認清並接受一個事實，那就是所有NFT創作者都必然會遇到挑戰。或許他們的人生出了狀況，讓他們無法繼續專注在藝術上；計畫資金可能燃燒殆盡，因而無法繼續推出附加體驗和NFT；創作者的錢包可能被駭客入侵，導致NFT流出。山寨業者可能搶走部分市場，更糟的是他們還開始販售贗品（這件事比你想的還常見）。

　　不管發生什麼事情，即使你手中的藝術品價值崩跌，你依然握有那個酷炫、可以用某種方式與你對話的藝術品。這就是為什麼我們建議你在收集NFT的時候，要選那些即使價值沒有暴漲、你也可以接受的商品。你必須成為一名NFT鑑

賞家，這才是最重要的。如果你對於自己在收集的NFT懷有熱誠，並且可以清楚說明投入項目的原因，其他人就會受到你的收藏動機吸引。

因此，我們相信現在該是時機，讓你為自己收藏的NFT設定屬性。

打造收藏同一性（Identity）

現在NFT的圈子還沒有達到「人人都對如何策劃收藏格外挑剔」的境界。大部分的人只是想賺錢，這就是為什麼多數人的NFT收藏看起來都是大雜燴。

但其實每一個人都能夠以NFT收藏家的身分建立名聲，只是現在很少人在討論這個議題。你不一定要藉由超大額NFT交易登上頭條新聞，也可以透過收藏NFT的方法與為自己的收藏品建立一貫的收藏同一性，打響NFT收藏家的名號。

也許你專門收集電影相關的NFT，或許你的NFT都是綠色的。或許你想打造純粹由創作者「首個」NFT組成的收藏。喜劇NFT、公益NFT、普普藝術NFT等，有很多這種獨一無二的特性，是你可以用來設定收藏品同一性的思考方向。

讓我們延續剛剛金融領域的譬喻，請你像天使投資人一樣收藏NFT。就像指數型基金（ETF）只針對特定資產類別或投資題材打造，你在設計NFT收藏的時候，也可以選擇特定主題。ETF是一種針對某類資產進行投資的基金，將股

票、債券、貨幣或大宗商品等資產包裝成單一產品後,在股票證交所買賣。

ETF持有的投資標的通常都符合特定題材。例如:SPDR標普600小型成長股ETF（SLYG）讓你一次持有600家小型成長企業的股票。IPAY ETF則布局數檔支付處理和數位支付產業的股票,例如:Visa、萬事達（MasterCard）、PayPal和Square。

打造NFT收藏的時候也可以依循相同做法,以某個主題為核心來進行。就像ETF一樣,這種打造收藏的方式會讓你像我們前面提到的多角化投資,又可以藉此建立自己的同一性,成為特定類型的收藏家。

我們實際看過確立收藏家同一性的案例,只有虛擬土地經銷商（Virtual Land Dealers）,他們在The Sandbox、Decentraland、Axie Infinity等區塊鏈遊戲中買賣土地。這意味著要以其他類型的NFT建立收藏家同一性還有許多機會。

身為一名收藏家,你未必要設定收藏同一性,但是我們感覺這是未來10年NFT收藏領域的走向。只要想想建立同一性之後可以獲得的機會和收益,就更可以想見這樣的趨勢必不可擋。或許你可以成為一名數位畫廊策展人,或許你會在選定的小眾類別相中初出茅廬的NFT藝術家,並因此吸引到一批追隨者,又或者你會找到我們現在無法想像的形塑品牌的機會。更不用說你可能有機會自稱是NFT某X、Y、Z領域最長壽或最大尾的收藏家,那就太酷了!

　　記住，如果你現在購入第一個NFT，那你就是前100萬名NFT收藏家的一員。這個數字是有意義的。推特上的前100萬個用戶有機會在其他人加入之前，找到一群穩定的追蹤者。前100萬個Instagram用戶加入時，Instagram主要功能只有分享照片，這些人可以當先行者、做一些沒人做過的事情。當時誰想得到金・卡戴珊（Kim Kardashian）會走紅，並利用Instagram建立數十億美元規模的美妝帝國？

　　成為早期NFT收藏家，讓你可以獲得後進者不可能擁有的機會。舉例而言，我們相信未來光是具備策劃亮眼收藏的能力，就足以成為一門生意。幾年後，NFT收藏家如果不想花時間做研究以決定要收集哪些NFT，就會直接買下他人的一整套收藏，輕鬆起步。這些人不會到次級市場尋覓NFT，而是會直接找到他們喜歡的某人收藏，並一口氣買斷。這就像現在有人會去買整套寶可夢卡、遊戲王卡或「魔法風雲會」卡牌一樣。記住我們的話，這件事情一定會在NFT領域內發生。試想，未來擁有2021、2020，甚至年代更早的NFT交易品會成為社會地位的認證，更顯得這個趨勢銳不可擋。

　　不是每個人都可以成為像Whale Shark或Metakoven那樣的NFT鯨魚，但是你可以用不同的方式建立收藏家的聲望。如果想試水溫，不妨利用免費NFT這個好方法。

如何起步

連續幾天關注各個NFT交易平台，看看網路上NFT社群的討論話題。找到幾個你特別喜歡的NFT並與創作者聯絡，與之對話並試著了解他們的NFT項目未來打算如何推展。你甚至可以去找收藏家，問問他們對收藏NFT的看法。

就像我們在第七章談行銷NFT時提到的，市面上可能有不少免費NFT。這些免費NFT的交易方式有很多，最常見的就是你只要支付礦工費即可獲得NFT。

要去哪裡找免費NFT呢？到OpenSea平台後，點頁面上方「Marketplace」（商城）下拉表單，並點選「All NFT」（全部NFT）。接著排序方式選擇「Price Low to High」（價格由低到高）。看呀！這裡多的是免費NFT呢！

如此一來，你不需要燒掉幾千美元就可以在幾小時內開始收集NFT了。更進一步，如果你等到礦工費較低的時機進場，甚至可以只花幾百美元就開始打造不錯的收藏。

NFT其實才剛開始發展而已，這意味著你有機會提出一套NFT收藏理論，然後就放手去做。沒有人有預見未來的水晶球，因此也沒有什麼NFT收藏方法會是錯誤的。

你可以從入手第一個NFT開始，感受一下自己喜不喜歡。收藏NFT可以很單純，不要想太多，開始收藏就對了！

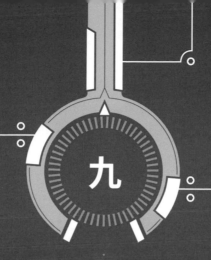

九

NFT 的相關法律問題

開始製作及買賣NFT後，你必須知道NFT可能會遇到什麼法律問題。當科技出現任何新的應用，主管機關、立法機關和法院通常需要過好一陣子，才會將已快速採用的科技納入規範。在出現明確規範之前，我們可以透過已確立的法律原理如何規範類似科技以及新科技，推知NFT的相關法律。目前NFT沒有已確立的法律原理，但我們可以透過參考更廣泛的加密貨幣、藝術品和收藏品，推論出法律會如何規範NFT。

　　雖然本書作者之一福特諾是律師，但本章內容無意構成法律意見，也不應視為法律意見，僅作為NFT相關法律規範的概述。

加密貨幣是否遵從證券交易規範？

　　在2017年首次代幣發行（Initial Coin Offering, ICO）的熱潮中，新的代幣如雨後春筍般冒了出來。雖然其中一些代幣背後有穩固的科技為基礎，可提供實際的解決方案，但很多代幣只是希望能趁熱潮賺一筆，還有一些代幣完全是詐騙。有些投機者想要快速獲得兩倍報酬，有些則會hodl（幣

圈術語，意指「長期持有」），希望代幣的價格能一飛沖天。而詐欺代幣則只是創辦人使出的拉高倒貨手法。太多投資人投訴，引起美國證券交易委員會（Securities and Exchange Commission, SEC，簡稱證管會）的不滿。但這讓人不禁要問：加密貨幣是證券嗎？是不是很重要嗎？

是否為證券很重要，因為如果某項投資是證券，那麼該項投資的提供必須嚴格遵守美國1933年《證券法》（*Securities Act*）的規範。請注意該項法案的日期，該項法案在1929年的華爾街股災之後施行，要求投資必須符合多項註冊條件（或是符合例外條件），保護投資人免於被詐欺。

當然，這些ICO並沒有根據證券法進行註冊。如果加密貨幣不是證券，那就不會有問題。那麼加密貨幣是證券嗎？

豪威測試（Howey Test）

要知道加密貨幣是否為證券，我們必須先了解什麼是證券。大家熟悉的證券有股票和債券，但其實證券也包含特定種類的票據和投資契約。

美國最高法院在1946年審理了證管會訴豪威案（SEC v. Howey），案件爭點為某份售後租回協議是否為投資契約。若答案是肯定的，那項協議即為證券，必須符合證管會的規範。本案被告賣出位於佛羅里達州的柑橘園土地，接著向土地購買人提議將土地回租給被告，讓被告管理柑橘園，生產

柑橘，並與土地購買人分享柑橘園的獲利。大部分買家都不是農民，也不知道怎麼管理柑橘園，因此他們都接受了被告的提議，將土地回租給被告。

證管會介入並提告，主張這些交易構成投資契約，因此屬證券的一種。被告辯稱他們單純只是售出財產，然後再向財產所有人租用。

最高法院在這個重要判例中，列出判斷某項投資是否為證券的四個要件，此四要件被稱為豪威測試：

1. 投資人投入金錢。
2. 投入至一個共同事業。
3. 投資人預期會獲利。
4. 獲利來自發起人或其他第三人之努力。

法院判定：

1. 購買人投入了金錢。
2. 被告管理不同土地上的柑橘園構成一個共同事業。
3. 購買人預期會從土地獲利。
4. 獲利來自被告管理土地的努力。

因此，美國最高法院判決被告提出的方案的確是證券。法院在判決中寫道：

> 因此，此案具備所有尋求獲利的商業投資的要素。投資人提供資本並可獲得部分收入與獲利；發起人掌管事業並負責事業的營運。由此可推知，無論這種契約是以什麼樣的法律術語包裝，有明確表示投資人權益的約定即為投資契約。

利用豪威測試，證管會判定ICO的確是證券商品：

1. 購買人投入金錢或加密貨幣（有價值的東西）。
2. 有一個共同事業存在，因為ICO通常由製作、執行並發起底層的加密貨幣和ICO的一個組織或一群人管理。
3. 購買人預期從對於ICO的投資獲利。
4. 獲利來自管理共同事業的那個組織或那一群人的努力。

這代表ICO須遵循證管會的註冊規範，或者符合規則D（Regulation D）或其他例外的豁免規定要件。證管會已對幾個特定的詐欺ICO開鍘，宣布比特幣和以太幣不是證券，並暗示所有其他加密貨幣都很有可能是證券。這個憂慮對ICO以及整個加密貨幣市場造成重大衝擊，使ICO移往美國投資

人無法參與的海外發展。加密貨幣市場因為未能維持熱潮而在2018年大跌，在接下來的幾年內沒什麼動靜。

NFT是證券嗎？

因為證管會判定ICO是證券商品，且大部分加密貨幣都可能是證券，可能有人推定，既然NFT也是加密貨幣（供應量為1），NFT很有可能也會被視為證券的一種，但大部分的人還是覺得NFT應該不是證券。不過美國證管會尚未公布任何關於NFT的指示，所以NFT還是有可能被判定為證券，這點必須注意。

讓我們將豪威測試應用在NFT上：

1. NFT的購買人投入金錢或加密貨幣（有價值的東西）。
2. 整體而言，看起來並不存在NFT的共同事業。大部分NFT都是一次性或限量版的數位藝術品，為收藏品，或者擁有某種用途，例如遊戲內物品。
3. 有些人購入NFT可能是以投資為目的並預期從中獲利；其他人購買NFT可能是為了NFT本身以及為了收藏NFT。
4. 整體而言，沒有第三方推動已經賣出的NFT的價值。

　　雖然現在還沒有明確的答案，不過比起同質化加密貨幣，NFT（因為它非同質化）比較像藝術作品或收藏品，而這兩者並不是證券。若一枚NFT有極大供應量或大量版本，那它就比較像同質化代幣，界線更為模糊。

　　不只NFT賣家需要關心NFT到底是不是證券，NFT交易所也需要關注這點。若這些交易所提供證券交易的平台，那就必須向證管會註冊並且遵循證管會規範。

碎片化NFT（Fractional NFT）

　　某些碎片化NFT的界線又更模糊，更像證券。碎片化NFT是一種代幣，代表對於一枚NFT的部分所有權。舉例來說，Unicly CryptoPunks Collection（UPUNK）代幣代表對於50枚加密龐克NFT的部分所有權。目前市面上有2.5億枚UPUNK代幣流通，截至本書撰寫時，市值將近3,000萬美元。

　　UPUNK代幣類似加密貨幣，同質化、供應量大，並且顯然為投資有價值的NFT的方式之一。另外，說到傳統實體藝術品的部分所有權，雖然各公司的商業模型不一，但大部分都會向證管會註冊。據此，我們認為某些碎片化NFT很有可能被認定為證券。

NFT的智慧財產權

　　智慧財產權在NFT以及更廣泛的藝術品領域扮演極為重要的角色。智慧財產是從創意衍生而來的財產，這種財產並沒有實體。智慧財產權包含著作權、商標、專利和營業祕密。對於NFT的討論，我們將聚焦於著作權以及商標。

著作權（Copyright）

　　簡單來說，著作權就是製作複製品的權利。根據線上字典Dictionary.com，著作權的定義是「創作人或受讓人所享有印刷、出版、表演、拍攝或記錄具文學、藝術或音樂性質的素材的專屬法律權利，以及授權他人進行上述行為的權利」。

　　作品在有形媒介中確立後，就會產生著作權。這代表作品必須畫下來、寫下來、錄下來、儲存在光碟或硬碟上，或出現在任何其他有形媒介。換句話說，作品不能只存在你腦海中，或僅以口述、歌唱或表演形式出現，除非後面三者有記錄下來。創作者無需向美國著作權局（Copyright Office）註冊就能取得著作權，雖然註冊能獲得某些優勢。

　　著作權和實際作品本身為兩個獨立個體。實際作品是實體的藝術品，例如畫作、數位作品、JPEG圖像、影片或歌曲。著作權則是賦予創作者與作品有關的無形權利。

一、購買NFT時。當你購買一枚NFT（或任何其他種類的藝術品），你並不是購買那個NFT的著作權。NFT的創作者（或藝術家）仍然保有著作權。你有權將該NFT（你擁有的那一份藝術品）用於個人用途並展示該NFT，但不得將它用於商業用途。你無權散布或販售該NFT內容的複製品。此外，你無權製作該NFT的衍生作品（根據NFT內容所創作出來的其他作品）。當然，你有權在任何時候出售你擁有的NFT。

請注意，你也可以購買作品的著作權，但必須有明示書面協議，將著作權從創作者（或目前擁有著作權的人）轉讓給你。

總而言之：使用你購買或收到的NFT和它的內容時要小心，以免侵害到創作者的著作權。

二、製作NFT時。如果你要製作NFT，最好的方式是製作獨創的藝術品或獨創的設計。你不能使用網路上找到的任何既有圖像、影片或音檔。網路上（或其他地方）的每張照片、每件藝術品和每個圖像、影片和音檔都受到著作權保護。如果你使用不是由你創作的作品，那麼你（極）可能侵害圖像創作者的著作權。若是如此，你可能須負損害賠償責任，並且很有可能需要將侵犯著作權的NFT從平台下架。

如果你想使用某個既有的作品，你也許可以向著作權所有人請求授權，獲得在NFT中行使該作品著作權的特定權

利，同時，你應該向授權人（著作權所有人）支付授權費用（一定比例的銷售額）。授權人可能也會要求一筆預先支付的款項。一般來說，授權會明定在特定地區於一定期間內有效，不過以NFT來說，授權應該在全世界永久有效。

某些網站提供買斷式授權（royalty-free license）的圖像和影片，所以你能免費使用這些作品。不過記得一定要詳讀授權條款，因為使用上可能還是有某些限制或條件，例如可能不得將該作品用於商業用途，或者網站可能要求你註明作品出自該網站（也就是在NFT的敘述欄中註明作品出處）。

你可以免費使用不受著作權保護（public domain）的圖像或影片（或其他種作品）。著作權的保護有期限，在1978年之後公開發表的作品，美國著作權的保護期間通常是著作人的生存期間及其死亡後70年。不過如果是1978年之前公開發表的作品，在美國的著作權保護期間通常為95年。所以如果某項作品已經超過95年，那它很有可能已不受著作權保護。這本書的網站資源（TheNFThandbook.com/Resources/）列出了買斷式授權和不受著作權保護的網站供你參考。請注意，不同國家針對著作權有不同的規範，保護期間也有所不同。

也許你想要僱用某人創造出你構思的藝術品或設計。若是如此，記得以書面明確約定他們創造的作品是僱傭作品（work made for hire或work for hire）。這是法律術語，能將作品的著作權轉移給僱用藝術家的那一方。另一種作品會被

視為僱傭作品的情況是，員工在職務範圍內製作的作品。後者只會在你是僱主，而且受僱員工的職責之一就是創作藝術品或設計時才會成立。

三、著作權作為NFT。著作權有成為NFT主要內容的潛力。舉例來說，據傳饒舌歌手泰勒・班尼特（Taylor Bennet）和Big Zuu賣出了含有特定歌曲1%錄音著作權的NFT。不過仔細檢視就會發現，購買人並不是擁有1%著作權，而是能獲得NFT敘述中指定的特定歌曲的數位版稅之1%。也許你覺得我們是在吹毛求疵，不過擁有著作權跟擁有收入的一部分收益，兩者截然不同。

如果你擁有1%著作權，你有權獲得來自錄音的所有收益的1%，而不限於數位版稅的1%。舉例來說，如果該指定歌曲的錄音檔案以5萬美元授權給電影或電視廣告使用，擁有1%著作權的人可以收到500美元，而擁有1%數位版稅的權利人，則不會收到任何錢。

所以如果你要投資「著作權」NFT，一定要搞清楚你到底買了什麼。詳讀所有條款，如果看不懂，那就問律師。

班尼特和Big Zuu的「著作權」NFT以每枚100 USDC的價格售出，價值100 美元。這種NFT是一種收入來源，看起來是一種投資，因此可能被證管會視為證券。

商標

「商標」（trademark）通常是一個符號、一種設計、一個字或一段文字（或兩種以上的結合），用於辨識商品（產品）的來源。我們都很熟悉可口可樂、蘋果電腦、Nike、麥當勞等多間企業的商標。一看到有蘋果標誌的手機或筆電，你就知道那是蘋果電腦做出來的產品，也會聯想到一定水準的品質、可靠性、酷炫程度，還有很多其他特質。這就是為什麼公司投資很多錢形塑產品在大眾眼中的形象。

「服務商標」（service mark）類似商標，但它識別的是服務而不是產品。舉例來說，美國運輸公司聯合航空（United Airlines）的服務商標是「翱翔友善天空」（Fly the Friendly Skies）。一般來說，「商標」是廣義的用法，涵蓋商標和服務商標。

如果你在公司名稱、標誌或標語旁邊看到「®」的符號，那代表那間公司已經向美國專利及商標局（Patent and Trademark Office）註冊那個商標。註冊能讓商標在美國境內獲得法律保護。如果你在公司名稱、標誌或標語旁邊看到「TM」或「SM」（適用於服務商標），通常代表那個商標沒有註冊。法律並沒有規定公司一定要標註「®」、「TM」或「SM」，所以就算公司名稱、標誌或標語旁邊沒有出現這類標示，也不能隨意使用它。

商標法的主要目的，是為了讓消費者不會混淆商品的出

處。商標所有人也擔心他的標誌可能會淡化（dilution），意思是標誌在大眾眼中的獨特性下降。

舉例來說，美國知名漢堡店In-N-Out Burger在2017年告了乾洗店In-N-Out Cleaners，前者宣稱後者的名稱和標誌與他們的過於類似，會使消費者混淆，而且也淡化了他們的商標（圖9.1）。換句話說，漢堡店擔心消費者會覺得他們和乾洗店有關聯，而且乾洗店的標誌降低了漢堡店標誌的獨特性。

這兩間公司的標誌包含同樣的名稱（In-N-Out）和顏色，字體幾乎相同，設計元素（箭頭和衣架）的擺放位置和角度也相似。雖然這兩間公司提供的商品截然不同，一個是漢堡、一個是乾洗服務，看起來消費者很有可能搞不清楚這間漢堡店是否和這間乾洗店有關，而且漢堡店的標誌獨特性也會下降。

圖 9.1　In-N-Out Cleaners和In-N-Out Burger的標誌

製作NFT或藝術品時，你通常能將一間公司的商標用於評論、批判或戲謔仿作（parody）的目的。要謹記在心的核心概念是，你的NFT消費者或觀眾是否會認為商標擁有者製作出或支持你的NFT或NFT內容。注意，批判或戲謔仿作的對象必須是商標，而不是不相關的其他人或議題。

　　此外，在NFT平台上使用商標名稱或文字作為NFT名稱、用戶名稱或收藏名稱時要很小心。

　　有位藝術家刻意用《財星》百大公司（Fortune 100）榜上每間公司的標誌，製作了一枚NFT（圖9.2）。

　　這個NFT看起來像是對於整個社會的評論，而且應該不會讓觀看者認為這件作品是由其中任何一間或全部公司製作或背書，雖然那也有可能是事實。

　　很遺憾，現在並沒有明確的檢驗方式，能夠判斷你使用商標的方式是否恰當。如前所述，我們建議向律師諮詢。

圖 9.2 「®」NFT

NFT的公開權

公開權（right of publicity）是個人控制其身分（或形象）的用途並從中獲利的權利，身分包括姓名、圖像、肖像、聲音和其他獨特的識別特色。一個淺顯易懂的例子是，你不能未經美國演員凱文‧哈特（Kevin Hart）允許，販售印著他肖像的T恤。但如果電視廣告中有個戴著金色假髮和首飾、穿著禮服的機器人，在類似遊戲節目《命運之輪》（*Wheel of Fortune*）的場景轉動字母牌呢？ 1993年，美國第九巡迴上訴法院（次於美國最高法院一級）將公開權的範圍擴張到極致，判決那個廣告違反了《命運之輪》主持人凡娜‧懷特（Vanna White）的公開權，即使廣告中並沒有出現她的圖像、肖像、姓名或聲音。

這代表什麼呢？一般來說，你不能未經他人許可，將他們的照片或影片用在NFT中──但這件事也有模糊地帶。前面的例子是將明星的身分用於商業用途，不過藝術家和NFT創作者擁有憲法第一修正案賦予的言論自由（至少在美國境內是這樣），這和個人的公開權牴觸，因此出現了模糊地帶：你是用那個人的姿態創作藝術，還是將它用於商業用途？

假設你想要做出饒舌歌手史努比狗狗（Snoop Dogg）這種明星的NFT。如果你不打算賣出NFT或者將它用於其他商業用途，那麼沒有他的許可應該也沒關係。但是如果你想要販售該NFT，那可能會被判定為「商業用途」，可能需

要獲得史努比狗狗的允許。如果你製作出一個版本共 100 枚 Snoop Dogg NFT，那很有可能會被視為商用，需要獲得他允許的可能性又更高了。那麼，要怎麼確定你是否侵害了某人的公開權呢？

轉化利用測試（Transformative Use Test）

蓋瑞·賽德厄（Gary Saderup）是一名藝術家，他用炭筆畫了一幅「三個臭皮匠」的畫，然後販售含有該畫作的石版畫和 T 恤。擁有三個臭皮匠公開權的公司對賽德厄和他的公司提告，主張他們非法使用三人的公開權，這個案子一路上訴到加州最高法院。

法院在此案中採用了轉化利用測試，法院提出的問題是：「含有名人肖像的產品其轉化程度是否已經夠高，使得該產品變成主要是被告自己的藝術表現，而不是該名人的肖像。」法院也指出：「換句話說，該名人的肖像是原創作品參考的『原始素材』之一，還是該名人的呈現或模仿就是系爭作品的總和與精髓？」簡而言之就是，爭議畫作比較偏向藝術作品，還是三個臭皮匠的仿製品？雖然畫作是對於三個臭皮匠的藝術呈現，但法院判決它的轉化程度不夠。換句話說，大家購買那件 T 恤主要是因為上面印有三個臭皮匠，不是因為他們覺得那件 T 恤是藝術品。

因此，當你在創作含有名人肖像（或任何人的肖像）的 NFT 時，記得讓它成為藝術品，而不只是那個名人的仿製品。

回到史努比狗狗的例子，事實上目前在OpenSea上有多個包含他肖像的NFT。例如有個NFT就取名為「Snoop Dogg #2」，其內含的主要圖像請見圖9.3。該NFT的創作者Scrazy-one1顯然也絲毫不避諱使用史努比狗狗的名字。

圖 9.3　OpenSea 上「Snoop Dogg #2」的主圖像

這個主打史努比狗狗的NFT是否通過轉化利用測試？這個問題沒有答案，除非史努比狗狗本人提告並經法院判決。但因實際考量，史努比狗狗（或任何其他名人）應該不會提告，除非你靠他的肖像賺了很多錢。比較可能的情況是你會收到警告信（cease and desist letter）。但我們要再度重申，以上並不是法律意見，若你想在NFT中使用某人的肖像，建議你和律師商量。

取得公開權的授權

如果你想使用某位名人的名字和肖像，你可以透過取得公開權授權，製作那位名人的官方NFT。「授權」（license）是一種契約，其中擁有權利的人（授權人）賦予你（被授權人）有限的權利，讓你能使用那位名人的名字和肖像（可能還有其他識別物）。

下面是這種授權的幾項重點：

- 版權（Property）：那位名人（或者電影或漫畫角色）。
- 授權標的（Licensed Subject Matter）：名字、肖像、聲音、商標等。
- 物件（Articles）：欲製作或創作並販售的品項，在這個情境中是NFT。
- 地域（Territory）：授權有效的地理區域。以NFT來說會是全世界，因為NFT是透過網路販售給世界各國買家的商品。
- 期間（Term）：授權持續多久。
- 排他性（Exclusivity）：授權人是否能在授權地域的有效期間內授權給其他人。
- 版稅（Royalty Rate）：授權人獲得的銷售額百分比。
- 預付款（Advance）：向授權人預先支付的金額（若有）。
- 保證金（Guarantee）：被授權人應向授權人支付的最低

特許使用費（若有），無論銷售額是否足以負擔此費用。

應該看得出來，這種授權可能會很複雜，所以如果你想走這個路線，我們強烈建議向律師諮詢。

死後公開權（Posthumous Publicity Rights）

我們可以使用逝者的名字和肖像嗎？看情況。雖然著作權法是聯邦法，公開權是由各州規範，所以在美國的某些州，逝者（或者說逝者的財產）沒有任何公開權。在某些州逝者有公開權，由逝者的財產管理人執行。決定性因素是逝者死亡時的管轄權歸屬，如果是沒有死後公開權的州，那麼你通常可以使用那個人的名字和肖像。

瑪麗蓮・夢露在1962年因用藥過量死亡時，她在紐約和加州都有住處。雖然當時她住在加州並在加州當演員，看似住所在加州，她的財產管理人卻主張她的住所在紐約。他們如此主張是為了規避高額遺產稅，因為加州的遺產稅比紐約高上許多。這看起來是好主意，對吧？

快轉到50年後。瑪麗蓮・夢露的財產管理人告了多個販售她照片的照片庫，主張他們侵害了她依加州法律享有的死後公開權。其中一個案子上訴到美國第九巡迴上訴法院，法院判決，既然瑪麗蓮・夢露的財產管理人在數十年前曾主張她死亡時住所在紐約，那麼就應該適用紐約法律。不幸地，

這對她的財產不利，因為紐約（在2021年之前）並不保障死後公開權，因此被告能自由使用瑪麗蓮‧夢露的照片。這個2012年的案件出現後，大家開始將瑪麗蓮‧夢露的圖像自由用在各種產品上面，例如應用程式Marilyn Monroeji（圖9.4）。

所以當時為了規避遺產稅採取的做法，原本看起來是好主意，但後來對她的財產造成了災難性的後果。2012年《富比士》（*Forbes*）預估瑪麗蓮‧夢露的公開權每年帶來的使用費約一年2,700萬美元，僅次於麥可‧傑克森和貓王。

圖9.4　應用程式Marilyn Monroeji

這個案件讓我們學到，如果你想要使用逝者的名字或肖像，先查出他們死亡時住所在哪裡，以及住所所在的州是否保障死後公開權。注意，有些州還沒有正式回應這個問題。總歸一句，我們建議和律師討論。

請留意，就算你有權使用某個逝者的名字和肖像，在使用那個人的圖像或影片時還是要很小心，因為該特定圖像（藝術品或照片）或影片很有可能受到著作權保護，請見前面關於著作權的段落。

新聞價值

公開權的限制之一是「新聞價值」。美國憲法第一修正案保護對於具有新聞價值的對象或事件的報導。呼應這點，法院在大部分情況下判決，在新聞報導、文學作品、電影或其他包含具新聞價值事件的娛樂故事中，使用一個人的名字或肖像並沒有侵害他的公開權。不過若是NFT，這個限制應該通常不適用，因為NFT通常不被視為新聞報導的媒介。

NFT的隱私權

「隱私權」包含一個人的下列權利：

・個人私人資訊不被公開

- 不被打擾
- 私生活免於政府的無理侵犯

在NFT（還有更廣泛的藝術品）這一塊，我們擔心的是第一點，也就是揭露個人的私人資訊。私人資訊可能可以組成個人鮮為人知的私生活細節，所以如果你知道某人的私人資訊，不要將它包括在NFT中。我們喜歡這句箴言：「有疑慮就別用。」

公眾人物

隱私權的其中一個限制是公眾人物（名人、職業運動員、政客等）。在美國，因為有言論自由，而且大家認為大眾對於公共利益相關事務有知的權利（立論基礎是推定公眾人物做的每件事都與公共利益相關）。公眾人物的隱私權保護範圍小很多，類似前一段討論公開權的新聞價值限制。

因此，說到隱私權，如果你的NFT主角是公眾人物，那就比較不用擔心。不過請注意這個限制影響的是公眾人物的隱私權，但不影響他們的公開權。你還是必須完全尊重公眾人物的公開權（或取得授權），如同前一段所述。

NFT 的契約

NFT 賣家提供福利或可解鎖內容時會涉及契約法。

「契約」是兩方或兩方以上的當事人之間有法律效力的協議。要形成契約必須符合三個要件：

- 要約（offer）
- 要約的承諾（acceptance of offer）
- 約因（consideration），也就是各方提供或接受的內容

我們用 NFT 的出售作為例子。假設你在平台將 NFT 上架並定價為 1 顆以太幣，這就是要約，因為你提議販售該 NFT。接著有人對於 1 顆以太幣的要約提出承諾，買下該 NFT。買賣雙方透過平台提供了約因：你提供 NFT，購買人則提供 1 顆以太幣作為對價。另一個例子是當你在平台出售 NFT，有人向你提出要約，出價 1 顆以太幣。你做出承諾，完成交易。這兩個例子都很簡單。

福利

如果你的 NFT 提供福利，這些福利也會成為約因的一部分。購買人出價或接受開價時會考量提供的福利，而賣家根據契約法，有義務在 NFT 的敘述中指明福利。此外，福利應

以合理即時的方式交付或提供。

為了避免任何一方對於必須交付的內容有任何誤解，詳細敘述福利內容極為重要。在NFT的敘述欄包含詳細的條款與條件可能會有幫助。

格隆考夫斯基的 NFT網站 GronkNFT.com 有非常詳細的「作為羅布‧格隆考夫斯基冠軍系列NFT拍賣的一部分購入的NFT之服務條款與條件」，以最精準的法律用詞，涵蓋了包括爭端解決的多個議題。條款開頭寫著下面這段話：

> 本服務條款與條件構成您（也稱「使用者」）與 Medium Rare Mgmt, LLC（"MRM"）之間具法律效力的協議，適用於您於羅布‧格隆考夫斯基冠軍系列NFT拍賣購入的NFT。

該公司的律師可能沒想到的問題是，這些條款並沒有出現在NFT中或者那項收藏的敘述中，購買人怎麼能受到他不知道的條款拘束？

如果你遇到因購買NFT發生的爭議，我們建議向購買該NFT的平台尋求協助，雖然他們可能也幫不上忙。所以在購買NFT時，特別是在福利這一塊，要「買者自慎之」（caveat emptor）。

NFT內容

如同我們在第三章討論過的，NFT的主要內容和可解鎖內容並不是儲存在區塊鏈上。因此，內容儲存的位置有可能不會維持不變，這可能會導致內容佚失，造成NFT完全失去價值。這是可解鎖內容的主要擔憂，因為這種內容較可能儲存在私人伺服器上，或者透過創作者的個人帳號存在雲端儲存空間。

因此衍生一個問題，NFT創作者是否在契約上有義務永久維護NFT內容？永久是很長的一段時間，但NFT吸引人的最大優點之一就是它的永久性。既然NFT是區塊鏈資產，大家推定區塊鏈會永遠存在，進而推定NFT也會永遠存在。這個期待看來包括NFT的內容，主要內容和可解鎖內容都是。

因此，看來你有義務永久維護NFT的內容。不過，在美國某些州和其他管轄範圍，公共政策規定永久契約無法執行或可終止。到時候法院怎麼在這些利益之間權衡，應該會很有意思。

NFT的稅務問題

很遺憾，NFT也會被課稅。本段討論可能適用於NFT的各種稅金。此內容僅為NFT相關潛在稅務問題的概述，不應被視為稅務建議或法律建議。我們強烈建議你和會計師或律師討論稅務相關問題。

營業稅

一般來說，營業稅適用於出售商品和服務，由管轄銷售發生地的美國州政府（有時為地方政府）收取。所以第一個問題是，銷售發生地是在哪裡？應該適用哪個州（或其他管轄權）的營業稅？如果商品運出州界，那麼通常不需付營業稅，但購買人所在的州可能會收取使用稅（use tax）。

有些州不對數位品項收取營業稅。NFT是數位品項嗎？看起來是，但有些州將數位品項定義為下載下來的品項。既然NFT沒有被下載（它們仍然在區塊鏈上），它們在那些州可能不符合數位品項的除外條款。

如果營業稅不適用於數位品項，但是NFT包含的福利是實體品項或服務呢？在這種情況下，福利可能會根據其價值被課以營業稅。但是要如何判斷福利的價值呢？

就像亞馬遜從2017年開始在美國全國收取營業稅（譯註：商家不能收稅，應是指將營業稅轉嫁到消費者身上），如果未來很不幸，NFT平台開始對每筆NFT銷售收取營業稅，我們也不會感到意外。

所得稅

如果你創作並販售NFT，你必須從銷售獲得的收入支付所得稅。不過，你應該可以扣除NFT的製作、鑄造、上架和推銷過程中產生的支出。

　　成立公司並透過公司販售NFT可能有益處。我們建議向會計師諮詢。注意，成立公司有其他潛在優點，例如公司或有限責任公司（LLC）提供的有限責任。

資本利得稅

　　一般來說，如果你有一個資產並且將它賣出，你因此獲得的利得會被課稅，利得就是你取得該資產付出的金額和賣出金額的差額。就像所得稅，美國聯邦政府和州政府都會課處資本利得稅。

　　看起來NFT是資本利得稅的課稅對象。舉例來說，如果你以1顆以太幣購入一枚NFT，然後以3顆以太幣賣出，那你的利得就是2顆以太幣。不過美國國家稅務局（IRS）關切的價值單位是美元，不是以太幣。因此，你賣出NFT獲得的利得，會是你賣出時該NFT的美元價值（從你賣出NFT時3顆以太幣的價值換算而來），減去你購入NFT時的美元價值（你購入NFT時1顆以太幣的價值換算而來）。如前所述，請向會計師諮詢。

　　注意，資本利得稅只有在賣出資產時才會發生，在你賣出資產後，資本利得才會「已實現」。在你賣出資產前，任何增加的價值都被視為「未實現」。

　　一、長期或短期資本利得。 如果你賣出僅持有不到一年

的NFT，那會被視為短期資本利得，你需繳納的稅額是依據你的一般所得稅率計算，聯邦稅和州稅都是。

如果你賣出持有至少一年的NFT，那會被視為長期資本利得，你需繳納的聯邦稅會依據資本利得稅率計算，通常這比你的一般所得稅率對你更有利。雖然目前股票或類似投資的稅率從0％到20％不等，NFT很有可能會被視為收藏品，而目前收藏品的資本利得稅率為28％。不過，可能有人主張某些類型的NFT，例如數位地產和網域名，不算是收藏品。

請注意美國大部分的州並不區分長期和短期資本利得，皆以一般州所得稅率計算，不過，有些州的確為長期資本利得提供更優惠的稅率。

二、購買NFT時的資本利得。 若你用加密貨幣購入NFT，你可能會因此被課以資本利得稅。舉例來說，如果你前陣子用1,800美元購入1顆以太幣，然後用1顆以太幣購入NFT，當時1顆以太幣的價值為3,800美元，你可能會因1顆以太幣而需繳納資本利得稅，因為以太幣價值增加了2,000美元。這是因為當你購買NFT時，你實現1顆以太幣的收益。如果你在購入1顆以太幣的一年後才購入NFT，則適用長期資本利得稅率。

你購入的NFT現在的成本基礎（cost basis）是3,800美元。所以，如果你之後以5,000美元的價值賣出NFT，你將會因NFT獲得1,200美元的已實現利得，必須支付相應的資

本利得稅。

　　整體來說，買賣NFT時必須記得考慮到稅額，因為你可不想之後被稅務局或州立與地方稅徵機關嚇到。同樣地，請向會計師或律師諮詢稅務相關問題。

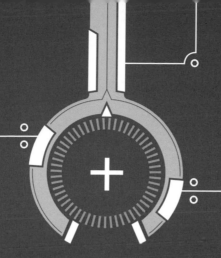

NFT 的未來

NFT前途一片光明，不只因為數位藝術目前價值被大幅低估，又是志在主導藝術市場的資產類別（我們也認為確有其事）。NFT前景看好，是因為它搭建了一條通往數位經濟的橋梁，而每個人終將接觸到數位經濟（有些人現在就已經置身其中）。

單純將NFT視為投機型藝術資產的觀點過於狹隘，也錯估了NFT未來的大量用途。我們應該很快就會看到所有事物「NFT化」（NFT-ification），從NBA季票到稀有的賓士車款，都會化身NFT。

在這樣的基礎上，我們認為未來有三塊NFT領域格外值得關注：

- 元宇宙（metaverse）
- 銀行無法承兌的資產（nonbankable assets）
- 數位錢包

在這個章節中，我們會逐一細究這三大領域，讓你看到NFT在規模數兆美元的未來市場中扮演什麼角色。

元宇宙裡的NFT應用

　　網路高速發展下，我們與他人分享事物或進行溝通已幾乎不受時空限制。我們用App找到真愛；相信數位鄰居會推薦最棒的美食與房源；將最珍貴的相片記憶交給幾大數位巨頭以永久留存。

　　網路世界已成為一個廣大的虛擬共享空間，任何你想像得到的事物，幾乎都可以在網路世界中找到。我們極度仰賴共享這個空間的其他人，提供我們最新資訊、撰寫搞笑推特文、製作有趣的內容，與其他數不清的事情。然而，目前的網路世界尚未更新到最佳版本，就像其他既存事物一樣，網路世界必須持續成長並演進。

　　好，那麼接下來呢？

　　網路世界即將演變成元宇宙，將共享網路與VR/AR科技的無限可能帶到最高點。網路已經為我們處理了許多雜事，像是提供資訊、服務和線上體驗，但其實在網路上傳達訊息、探索事物、與人和物品互動，還存在更有效率的方式。

元宇宙的種類

　　提起元宇宙，最常被拿來做比喻的是電影《一級玩家》中的綠洲。綠洲是一個線上世界，玩家可以利用VR耳麥進入綠洲。在綠洲裡，孩子可以上學、企業家可以創業，基本上所

有事情都能在綠洲進行。

現實生活中，就算我們有朝一日可以達到這個等級的元宇宙，也得花上數十年。「第二人生」（Second Life）等電玩朝著這個方向前進，用戶可以在「第二人生」中辦演唱會、與朋友交流並賺錢，但是想創造一個讓所有願望一次滿足的元宇宙，目標仍舊太過遠大。

相反地，元宇宙其實是非常多個獨立單位齊頭並進、同時發展。

一、電玩元宇宙。電玩大概是最接近現實生活的元宇宙，蓬勃發展又具備經濟市場。下列幾個電玩中，有不少都讓玩家得以在虛擬世界中生存，並以好勝、原始的方式表達自我。

「NBA 2K21」的玩家可以自由與其他玩家互動，並探索「籃球之城」（The City）。籃球之城是一個虛擬世界，裡面有戶外球場、賭場、健身房、公園等各種場地。遊戲中的虛擬化身（avatar）從城市的一頭走到另一頭至少需要45分鐘，可見它是一個多麼巨大的虛擬世界。

「要塞英雄」很了不起，不只是因為已經有超過3.5億人玩過這款遊戲，也因為它證明自己可以提供玩家眾多電玩以外的機會。饒舌歌手崔維斯・史考特（Travis Scott）和電音製作人棉花糖（Marshmello）都曾在「要塞英雄」中辦演唱會，

三星（Samsung）為了宣傳Galaxy Note 9，還為「要塞英雄」的虛擬化身製作Galaxy皮膚〔就連LV都曾經為「英雄聯盟」（League of Legends）設計角色皮膚〕。

以電玩形式創立的元宇宙多不勝數，「英雄聯盟」、「當個創世神」（Minecraft）、「俠盜獵車手Online」（Grand Theft Auto Online）、「碧血狂殺Online」（Red Dead Online）等。這些電玩元宇宙很多甚至還發行自己的貨幣，讓玩家拿來購買遊戲中會用到的物品。

在打造元宇宙這件事情上，電玩業比任何人走得都前面，但還是沒有到讓玩家隨心所欲的程度，只能說是在遊戲中給予玩家極大的自由遊走並抒發想法。

二、直播元宇宙。元宇宙除了有虛擬世界這個面向，社群也非常重要。用戶是否同時並同步投入這個虛擬世界中？

超級盃和葛萊美獎（The Grammys）等獎項的頒獎典禮背後，Twitch、YouTube、Clubhouse和Discord上的直播主功不可沒，他們可說是最懂得鼓吹眾人觀看直播的個人與群體。知名YouTuber Kitboga戲弄詐騙集團時開直播，吸引數萬人在Twitch上觀看。Clubhouse上的「紐約大學女孩虧爆科技阿宅」（NYU Girls Roasting Tech Guys）的房間裡，數千人同時上線開聊。這些都是元宇宙！直播主讓大家看到，民眾會為了共同興趣，自願在線上世界裡共度一段時光。

有時候，這些直播主會抓住一群人的共同興趣，邀請他

們參與直播以吸引追蹤者。有時候，觀眾只是為了看直播主而看直播。無論如何，多人同步體驗某件事情是元宇宙基礎的一環。

直播與電玩、VR不同的地方是它缺少了「沉浸式元素」（immersive component），但是這些直播主只要具備一個適切的VR App，就可以建立沉浸式元宇宙。從這個角度來看，他們已經為了未來的沉浸式元宇宙打下良好基礎。

三、VR元宇宙。不用說，只要談到元宇宙，就不能不談VR的進展。現在已經有許多VR App以提供新的社交經驗為核心發展。AltspaceVR讓你和朋友與陌生人共同參與現場表演、聚會和上課。OrbusVR提供獨特的社交VR體驗，讓你盡情探索虛擬世界Patraeyl、為角色升級裝備（你的角色可能是詩人、魔法師、聖騎士、薩滿、惡棍等），你也可以和其他玩家互動。

目前大部分的VR元宇宙規模都還很小，同時間上線的人還不夠多，不足以讓人長期投入，但這只是因為VR耳麥還未如智慧型手機和筆電一樣普及。

無論如何，如你所見，我們其實已經具備元宇宙的所有拼圖，但是要把它們拼起來是一大挑戰。因此，現階段元宇宙還是會維持各據山頭的情況。但是，這不代表各個獨立發展的單位沒辦法擴大經濟規模，並提供用戶更完整的體驗機會。

元宇宙中的NFT

在一個環境中花的時間越多，就越有可能在那裡消費。很多住在芝加哥都會區的人會拿一杯10美元的美樂啤酒（Miller Lite）開玩笑，但當你到球場看比賽的時候，必然會想要來一杯。〔譯註：美樂啤酒（Miller Brewing Company）是美國知名平價啤酒品牌，旗下低熱量產品Miller Lite罐裝單買不到4美元。但是美樂啤酒作為芝加哥各球隊的贊助商，啤酒在球場卻要10美元。〕如果你是自願進到某個場域，這種氛圍就會更加強烈，電玩領域格外明顯。

我們在第二章中稍微提過遊戲內物品的交易存在廣大商機。2020年，玩家總計花費3,800億美元購買電玩內的數位資產。從角色皮膚到武器，再到續命，遊戲內物品交易是一塊蓬勃發展的市場。這些物品當然也可以做成NFT，讓在遊戲中花錢購物的用戶可以出售二手貨或稀有物品。

以前面提到的「要塞英雄」Galaxy皮膚為例，那款皮膚上架時間只有2018年8月的短短兩周，爾後就不再推出。擁有Galaxy皮膚讓你在玩家群中的影響力（社會信譽）瞬間飆升。但是這個物品雖然稀有，卻沒什麼機會轉換成實質收益。有朝一日或許會出現「要塞英雄」物品商城，讓Galaxy皮膚的擁有者可以轉賣這款稀有的皮膚，並由後端NFT系統確保這個皮膚的真偽與效力。誰知道Galaxy皮膚在轉售市場上可以賣多少錢呢？ 10美元？ 1萬美元？還是更多？

關於共享元宇宙，有一點我們必須了解，那就是會來這裡的人一定有他的理由。他們要不是興趣相投，就是目標一致。因此，在這些社群當中會出現位階差異。其中一個讓玩家在遊戲中提升階級的方式，就是為虛擬化身添購配備。這就是為什麼即便對玩遊戲本身沒有實質影響，玩家還是願意花錢買「要塞英雄」的角色皮膚。未來，玩家真正擁有自己的物品並且可以實際收集、與其他玩家交易，這種發展再自然不過。

現實世界有個相應的例子就是球鞋展Sneaker Con。過去10年來，球鞋收集是較知名且發展成熟的收藏品市場。Sneaker Con是一個讓數千名球鞋愛好者可以實體集會並展示球鞋收藏品的平台，有些人來這裡出售收藏，也有人來尋覓新收藏，甚至有人在現場擺攤販賣清理球鞋的工具組、球鞋藝術品與其他球鞋相關的商品或服務。但不管你是誰，只要你現身時沒有穿上最炫的球鞋，其他人就不會把你當一回事。Sneaker Con就是實體版的球鞋迷元宇宙。Sneaker Con讓人從世界各地來齊聚一堂，與興趣相同的人碰頭、賺錢並提振影響力。

另一個NFT很適合用在元宇宙的原因是，很多人都開始累積這類數位資產了，這群人會想要向他人展示自己的收藏。舉例而言，MetaKoven以6,900萬美元天價買下Beeple的藝術品──「每日」系列前5,000件作品，他現在要把自己的

收藏轉成數位藝廊，供他人在 Decentraland 等元宇宙中欣賞。

如前所述，每個人成為收藏家的理由不盡相同，但是有一個共通點：他們都想展示自己的收藏。

數位資產應該要在數位的場域中展示。不管是虛擬藝廊、線上遊戲、你自己的虛擬地下室聚會或其他我們還想像不到的虛擬空間，元宇宙都會成為我們展示 NFT 的地方。

此外，NFT 在元宇宙中也具備實質功能。

現在購買 Meebit NFT 可以提升你的影響力，而且可以延續到 10 年以後。屆時，握有如此稀有的物品必然可以讓你驚豔四座。但是，Meebit 絕不僅是可愛的收藏品而已。如同我們在第六章中提到的，Meebit 會附上「OBJ 檔案」，讓你能夠在任何 3D 場域中隨意使用你的 Meebit。

再過不久，熱門電玩就會加上開放原始碼的元素，讓你自行上傳 3D 模型物品。我們可以想像「NBA 2K」的玩家把 Meebit 上傳到遊戲中，拿來當成他們的虛擬化身。

這就延續到 The Sandbox（與 Decentraland、Somnium Space、Axie Infinity 等類似的）元宇宙。The Sandbox 就是 NFT 遇上元宇宙的例子，而且是現在進行式。這個架在以太坊上的虛擬世界讓玩家盡情探索、互動、玩遊戲、參與各種活動。最引人注目的莫過於一塊塊「土地」（LAND）會以 NFT 的形式在各大交易平台上買賣。只要擁有 LAND，你就可以在上面隨意開發，可以蓋房子、建市場或做其他用途。

你也可以把LAND租出去，這就是WhaleShark（The Sandbox上最大地主之一）在打的如意算盤，他要把自己的LAND租給藝術家和設計師，為遊戲中其他玩家創造更大價值。

從很多方面來看，The Sandbox和「當個創世神」遊戲的開放特質十分相似。差別在於The Sandbox有自己專用的貨幣$SAND。$SAND也可以在加密貨幣交易所買賣，你也真的可以透過NFT的形式擁有遊戲內的物品。雖然The Sandbox不如「英雄聯盟」或「要塞英雄」那種戰鬥遊戲一樣坐擁大批玩家，但它完全參透了元宇宙中「遊戲內經濟」（in-game economy）的元素，這讓它變得極為迷人。

試想智慧型手機問世之後，過去十年間我們的行為變化有多大。我們每天平均花五到六個小時在用手機，如果加上使用筆電、智慧型電視或串流服務的時間，可能算我們沒在用網路的時間還比較容易。

網路是我們共同的生活圈，而網路的演進版就是元宇宙。我們現在花時間在網路上參與的社群或活動領域，有些已經含有虛擬成分，不久的將來這就會成為常態。隨著這些元宇宙陸續問世，必然會出現我們想以NFT形式擁有的元宇宙物品。

運動員會拍賣球衣和冠軍紀念球。未來五到十年，看到電競冠軍用NFT拍賣賽事中使用的武器或物品一點也不奇怪。

銀行無法承兌的資產

什麼是銀行無法承兌的資產？稀有收藏（純藝術品、骨董、骨董車、珠寶等）、房地產、智慧財產（版權、專利、商標）都屬於銀行無法承兌的資產。它們之所以無法在銀行承兌為現金，是因為缺乏流動性（目前不存在完善的交易市場），而且通常需要高額投資資本，且必須仰賴中間機構協助交易（買賣資產和／或判斷價值）。

放眼未來10到20年，最常見的NFT很可能和數位藝術毫無關係，而是經過代幣化的實體物品和智慧財產權，因為NFT智慧合約的存在而得以交易。如此一來，物品的所有權就可以拆分，藉此擴大買家群體，也為傳統上銀行無法承兌的資產創造流動性。

Uniswap為小眾加密貨幣挹注流動性，NFT也可以為銀行無法承兌的資產做到這一點。Uniswap是全球主要去中心化加密貨幣交易所之一，與中心化交易所相對。

在Coinbase Pro或幣安這些中心化交易所上，賣方張貼他們願意出售的特定加密貨幣售價（通常以比特幣或以太幣計價），以及他們想出售的數目。這就是賣出價（ask price）。同理，買方也會張貼他們願意購買特定加密貨幣的價格，以及所需數量。這就是買入價（bid price）。當買賣價格成功配對，雙方就會執行交易。

Uniswap這類去中心化交易所中,交易是透過挖礦資金池運作的。舉例而言,你想買AMP代幣,那就把手邊的以太幣放進Uniswap上的以太幣資金中,並從AMP池取得AMP。這些具流動型的資金池來自以代幣在Uniswap上抵押的人。抵押(staking)就像借貸,Uniswap可以用抵押的代幣進行交易。這種把資源集結起來的方法,開創了市場。

對於抵押代幣的人而言,他們可以從Uniswap收取的交易費用中,獲得一定比率的報酬。代幣持有人因此有機會獲取固定收益,特別適合那些計畫長期(數月或數年)持有該代幣的人操作。

中心化交易所通常只側重交易量高的加密貨幣,許多小型代幣根本沒有在中心化的交易所進行買賣。Uniswap訂定多項協議,持續不斷地處理所有繁複的問題,為各種代幣創造了流動性,不再受規模限制。

為加密貨幣創造流動性的概念,也可以套用到市場規模78兆美元的銀行無法承兌資產〔根據顧問公司埃森哲(Accenture)的估算〕。這些銀行無法承兌的資產中,絕大多數都極度缺乏流動性。例如:可以想像這世界上沒有幾個人會花450萬美元購買1955年賓士的300SL Gullwing車款,或是砸大錢買酒藏。這些都屬於非流動性資產。

但是,你可以為這些高價、銀行無法承兌的資產創造流動性,只要把它們變成代幣,並藉此分割所有權就可以

了。這是什麼意思？讓我們以售價450萬美元的1955年賓士300SL Gullwing車款為例。想要擁有這種稀有車款的人多嗎？可能有數百萬人。這數百萬人中有多少人買得起？可能一隻手數得出來。

但是，你可以創造100萬個NFT，不只可供收集，也可以各自代表那台賓士車百萬分之一的持份，這枚NFT的起始價只要4.50美元。現在，任何人只要有5美元，就可以取得那台車一部分的所有權。這就像是你找100萬個親近友人一起集資買好貨。一夕之間，非流動性資產就動了起來。

這就是將實體資產代幣化的作用。這種做法讓更多人可以投入市場，參與某些他們買不起的商品交易。可能在開賣第一天，100萬個代幣就被搶購一空，或許有人一口氣買下50萬枚代幣來囤貨。隨著想要那個代幣（與賓士車部分所有權）的人增加，代幣價值也會上升。一周後，賓士車的價值可能就上漲到500萬美元了。一年後，又變成1,000萬美元（聽起來和股市有那麼點相似，對吧？）。

像汽車、房地產這種資產代幣化之後，有趣的是連收益都可以轉換成代幣。假設21世紀福斯（21st Century Fox）要出品一部劫盜電影，希望明星可以駕駛著1955年賓士300SL Gullwing迎向夕陽餘暉，租車的費用是每天10萬美元，攤給100萬個代幣，意味著每擁有一個代幣，就可以收取0.1美元租金（換算下來，你一天就拿到2％的投資報酬）。這種增加

額外收益的模型特別適合用在碎片化房地產（fractionalized real estate）。

埃森哲顧問公司如此概述銀行無法承兌資產的問題：

> 銀行無法承兌的資產具備隱含價值，卻難以在它們所屬的傳統市場外完全利用這份價值，限制了它們作為抵押品的功能。這是長久以來的問題。缺乏一致的文件、信任度低、定價不透明、交易成本高、市場流動性又低，種種因素都會降低金融機構將它們納入投資組合的意願。

任何銀行無法承兌的資產都可以「NFT化」（NFT-ed）。如此一來，高資產投資人就可以獲得絕佳機會，為手中資產創造流動性。對他們而言，過去這些資產很難當成貸款時的抵押品，也不容易脫手。

為什麼會有人想買銀行無法承兌的資產的NFT呢？依據Obrium的研究（譯註：Obrium是埃森哲旗下的企業與科技顧問公司），答案是：

> 過去15年來，嗜好投資（passion investment）的增值幅度持續超越全球股市。在這段期間，成長速度比MSCI全球指數快65％。

遺憾的是，除非出售，否則目前這樣的價值無法變現。為這項資產創造碎片化的所有權，你就創造了流動性。如果那是一個奇貨可居的資產，將因為有更多人可以參與交易部分所有權而推升價值。既然現在與手中資產相應的NFT已經有一塊市場可以做買賣，賓士車的車主再也不需要尋找願意花450萬美元買車的買家了，他基本上只要找到100萬個買家即可，這群買家總計可以為這台車付出500萬（甚至更高）的價格。

將銀行無法承兌的資產代幣化之後，所有權人不需要放棄控制權。假設NBA球隊達拉斯獨行俠的老闆庫班想把球隊所有權切割成碎片，理論上他可以製作1萬個NFT，藉此找到一塊市場來提供整支（或部分）球隊所有權的價值流動性。

資產碎片化可能碰到的問題

在利用NFT將銀行不可承兌的資產拆分成碎片的時候，可能會遇上阻礙。如同我們在前一個章節中提到的，用NFT來分割資產所有權，可能會導致NFT被證管會視為證券。畢竟它們真的就像是一種投資。如此一來，推行這類型的NFT時可能就需要到證管會註冊，增加時間成本、繁複文書成本和法規成本。還有一種可能是推行NFT有望被歸類為例外，適用像規則D或規則A這樣的豁免制度。最理想的狀況是，未來這一整套流程都可以變得更加精簡。

此外，證券交易只能在已向證管會註冊的交易所進行。換言之，現有NFT交易市場可能需要到證管會登記，或是需要已向證管會登記的新交易平台上線，才能夠進行這類NFT交易。

代表房地產所有權的NFT會衍生出不同的問題。一般而言，房地產契約的紀錄會留存在各郡的書記處。在過戶程序完成之前，必須先繳清州與地方政府要求的過戶稅及費用。有一種可能的技術性解法是以多元簽署錢包（multi-signature wallet）來持有房地產NFT。與這些錢包相關的各方人士都必須簽名以核准所有權轉移，也可以再加上地方主管單位的簽名。房地產NFT的任何過戶行為，都需要所有人簽章。

雖然邁向資產抵押擔保NFT（asset-backed NFT）這條路剛起步的時候會有些顛簸，我們仍樂觀預期未來會越走越平順。

每個人都將擁有數位錢包

對行銷人員而言，你的數位錢包會變成像地址、電話號碼一樣的基本資料。進行任何支付作業時，都需要提供這項新的銀行資訊。那也會是創業家新的報帳軟體。種種用途多不勝數。2021年以後，知道某個人的數位錢包地址可能就會是你可以取得的最珍貴的個資。為什麼？因為數位錢包是在多種層面上，可以最有效與某人連結的管道。我們只是還沒

意識到這一點而已。

接觸受眾的全新管道

　　如果我們想和庫班搭上線，請他聽聽我們的商業提案，可以透過推特發訊息，並祈禱他會看。我們也可以在他開發的通訊軟體Cyber Dust上找到他，試圖引起注意。我們也可以先和他底下無數下屬對談，再依循著這串指揮鏈接觸到他。又或者我們可以精心策劃後，直接把一個NFT送到他的數位錢包裡。如果那個NFT成功擄獲庫班的心，他就很可能與我們聯絡。

　　得知某個人的數位錢包地址後，你可以直接觸及他們保管收藏品、處理銀行事務、經營事業的地方。對精明的行銷人員而言，這就是新的電話號碼、地址、銀行資訊等數不清的重要訊息。

　　再過不久，我們就會看到第一個完全透過NFT進行的行銷活動。

　　舉例而言，連鎖餐廳塔可鐘（Taco Bell）要推出新餐點，但這次它不用臉書廣告或電視廣告宣傳，而是改用另一種行銷手法：設計一個以新餐點為主題的數位藝術品，鑄造成NFT之後，加上一些促銷優惠，再將這個促銷NFT直接送到數千人的數位錢包裡。

　　確實，發送上千則「數位廣告」的礦工費，遠比在臉書上

對同樣人數做宣傳來得貴，但如果正確執行，就可以在幣圈與NFT社群中掀起討論，並成為鎂光燈焦點，特殊做法也必然會獲得主流媒體的報導，最終效益絕對遠超過成本。

當然這個例子只是紙上談兵而已。但是，如果你把數位錢包想成對每個人而言極為私密的資產持有箱，那麼這樣的想法就一點也不瘋狂。數位錢包可以直接連結到某個人的財務與收藏。

因此，不管你是想聯繫某位不可能透過傳統方式搭上線的人，或是要尋求讓人耳目一新的方法來送一份討人歡心的禮物，數位錢包都是你的好選擇。

這種操作的問題可能會出現在礦工費大幅下挫，或幾乎歸零的時候。如同我們在第三章中討論到的，以太坊會慢慢轉向持有量證明的模式，如此一來就會大幅降低礦工費。WAX等持有量證明式區塊鏈的交易費用，現在就已經非常低了。但是，低礦工費會有什麼問題呢？一言以蔽之：垃圾信。就像信件匣裡那些你一點都不想看、煩人又塞爆信箱的推銷信一樣，很遺憾地，我們也會看到這種垃圾NFT。

過去這些年來，已經有許多加密貨幣直接將代幣空投到數位錢包中，NFT也不例外。但是，NFT變得像垃圾信一樣，只是有點煩人的小事而已。就像我們可以在Email中開啟垃圾郵件過濾系統，未來也會出現類似的垃圾NFT過濾器。

支付的未來

　　無庸置疑，Cash App、Venmo、PayPal、Zelle等數不清的個人對個人（P2P）支付應用程式既實用又容易取得。大部分的人都很習慣用QuickBooks或FreshBooks來開收據和出帳單，也願意信任這些軟體。但是上述平台都屬於中心化的平台。回想一下第三章的內容，我們有提過利用像區塊鏈這樣去中心化的系統進行支付的好處。

　　確實，要記得某個人42個字符的數位錢包地址，比找到他們的Venmo用戶名稱困難得多。不過只要採用區塊鏈網域名稱，就可以簡化連上他人數位錢包的流程。例如，當你想把加密貨幣送到某個數位錢包中，在輸入錢包地址的欄位中，你可以輸入QuHarrison.eth，藉此把錢送到泰瑞的地址。這時候，URL就變成寄送與收取金錢的新途徑。

　　當你把P2P數位錢包支付與NFT相連結，企業就取得了一種全新的方式來提供顧客服務並收取費用。

　　你可能還記得我們在第六章舉的例子，范納洽的VeeFriends NFT就採取一種新方法來販售顧問與其他服務。公關業者、成長型顧問公司等機構沒有道理不能依循相同模式。未來，機構將不再需要銀行和昂貴的帳務軟體，只要利用NFT智慧合約與數位錢包就可以直接和顧客交易。

　　當然，這樣的願景只有在人人都擁有數位錢包的狀況下才可行，但眼看幾大科技巨頭都已經把手伸向這塊大餅，

這樣的未來其實比你想的還要近。

蘋果、Google、三星的智慧型手機都已內建數位錢包，雖然不是加密貨幣的數位錢包，但是信用卡、登機證、禮品卡與你錢包中的各種卡片（除了身分證件外）都可以數位化。這些企業腦中想的是：既然智慧型手機已經取代數以百計的舊科技，為什麼不把錢包也取代掉呢？

雖然對許多人而言，一開始很難接受用手機付費的想法，但是新冠疫情大幅加速民眾採用行動支付的速度。隨便找一間機場，計算現場把登機證載入蘋果錢包的人數，會發現已經超過印出實體票證的人數。數位錢包就是連結加密貨幣與NFT錢包的橋梁。基本上，蘋果錢包距離世界最大的NFT錢包只有幾步之遙，真的只需要再幾次功能整併就可以做到了。

NFT 潛力無限的發展

NFT的美妙之處在於它的未來仍未定案。沒有人知道NFT最主要的用途會是什麼。基本上，現在是由願意冒險的一群人在寫NFT的未來，他們願意嘗試新事物、提出革新式的NFT應用方式，並將NFT帶到我們未曾想過的場域，又或者他們只是單純比他人更成功地執行了一套健全的策略。

未來十年，所有事物都會轉化為NFT，每一個人都可以投入

其中。在我們對話的此刻，有一群人正在書寫NFT的未來。
讓我們一起動筆吧！

新商業周刊叢書　BW0797

NFT狂潮
進入元宇宙最關鍵的入口，擁抱千億商機的數位經濟革命

原 文 書 名／The NFT Handbook: How to Create, Sell and
　　　　　　　Buy Non-Fungible Tokens
作　　　者／麥特‧福特諾（Matt Fortnow）、
　　　　　　　屈哈里森‧泰瑞（QuHarrison Terry）
譯　　　者／許可欣、張明心、李立心、楊雅筑
企 劃 選 書／黃鈺雯
責 任 編 輯／黃鈺雯
版　　　權／黃淑敏、吳亭儀、林易萱
行 銷 業 務／周佑潔、林秀津、黃崇華、賴正祐、華華

總　編　輯／陳美靜
總　經　理／彭之琬
事業群總經理／黃淑貞
發　行　人／何飛鵬
法 律 顧 問／台英國際商務法律事務所
出　　　版／商周出版　臺北市中山區民生東路二段141號9樓
　　　　　　　電話：(02)2500-7008　傳真：(02)2500-7759
　　　　　　　E-mail：bwp.service@cite.com.tw
發　　　行／英屬蓋曼群島商家庭傳媒股份有限公司　城邦分公司
　　　　　　　台北市104民生東路二段141號2樓
　　　　　　　電話：(02)2500-0888　傳真：(02)2500-1938
　　　　　　　讀者服務專線：0800-020-299　24小時傳真服務：(02)2517-0999
　　　　　　　讀者服務信箱：service@readingclub.com.tw
　　　　　　　劃撥帳號：19833503
　　　　　　　戶名：英屬蓋曼群島商家庭傳媒股份有限公司城邦分公司
香港發行所／城邦(香港)出版集團有限公司
　　　　　　　香港灣仔駱克道193號東超商業中心1樓
　　　　　　　電話：(825)2508-6231　傳真：(852)2578-9337
　　　　　　　E-mail：hkcite@biznetvigator.com
馬新發行所／城邦(馬新)出版集團
　　　　　　　Cite (M) Sdn Bhd
　　　　　　　41, Jalan Radin Anum, Bandar Baru Sri Petaling,
　　　　　　　57000 Kuala Lumpur, Malaysia.
　　　　　　　電話：(603)9057-8822　傳真：(603)9057-6622　email: cite@cite.com.my

封 面 設 計／盧卡斯工作室　　內文設計暨排版／無私設計‧洪偉傑
印　　　刷／鴻霖印刷傳媒股份有限公司
經　銷　商／聯合發行股份有限公司　電話：(02)2917-8022　傳真：(02) 2911-0053
　　　　　　　地址：新北市231新店區寶橋路235巷6弄6號2樓

ISBN／978-626-318-196-0（紙本）　978-626-318-194-6（EPUB）
定價／450元（紙本）　315元（EPUB）　　　　版權所有‧翻印必究（Printed in Taiwan）

2022年（民111年）3月初版
2022年（民111年）4月18日初版4.1刷
Copyright © 2022 by Matt Fortnow and QuHarrison Terry.
All Rights Reserved.
This Translation, published under license with the original publisher John Wily & Sons, Inc.
Complex Chinese translation copyright © 2022 by Business Weekly Publications, a division of Cité Publishing Ltd.

國家圖書館出版品預行編目(CIP)數據

NFT狂潮：進入元宇宙最關鍵的入口，擁抱千億商
機的數位經濟革命/麥特.福特諾(Matt Fortnow),
屈哈里森.泰瑞(QuHarrison Terry)著；許可欣，
張明心，李立心，楊雅筑譯. -- 初版. -- 臺北市：商
周出版：英屬蓋曼群島商家庭傳媒股份有限公司城
邦分公司發行，民111.03
　　面；　公分. --（新商業周刊叢書：BW0797）
譯自：The NFT handbook : how to create, sell
and buy non-fungible tokens.
ISBN 978-626-318-196-0（平裝）

1.CST: 電子貨幣 2.CST: 電子商務

563.146　　　　　　　　　　　　　111002438

 商周出版

10480　台北市民生東路二段141號9樓

英屬蓋曼群島商家庭傳媒股份有限公司城邦分公司　收

- -

請沿虛線對摺，謝謝！

 商周出版

書號：BW0797　　　　　書名：NFT狂潮

 商周出版

讀者回函卡

感謝您購買我們出版的書籍！請費心填寫此回函卡，我們將不定期寄上城邦集團最新的出版訊息。

不定期好禮相贈！
立即加入：商周出版
Facebook 粉絲團

姓名：＿＿＿＿＿＿＿＿＿＿＿＿＿＿＿＿＿＿ 性別：□男 □女

生日：西元＿＿＿＿＿＿年＿＿＿＿＿＿月＿＿＿＿＿＿日

地址：＿＿＿＿＿＿＿＿＿＿＿＿＿＿＿＿＿＿＿＿＿＿＿＿

聯絡電話：＿＿＿＿＿＿＿＿＿＿＿ 傳真：＿＿＿＿＿＿＿＿

E-mail：

學歷：□ 1. 小學 □ 2. 國中 □ 3. 高中 □ 4. 大學 □ 5. 研究所以上

職業：□ 1. 學生 □ 2. 軍公教 □ 3. 服務 □ 4. 金融 □ 5. 製造 □ 6. 資訊

　　　□ 7. 傳播 □ 8. 自由業 □ 9. 農漁牧 □ 10. 家管 □ 11. 退休

　　　□ 12. 其他＿＿＿＿＿＿＿＿＿＿＿＿＿＿＿＿＿＿

您從何種方式得知本書消息？

　　　□ 1. 書店 □ 2. 網路 □ 3. 報紙 □ 4. 雜誌 □ 5. 廣播 □ 6. 電視

　　　□ 7. 親友推薦 □ 8. 其他＿＿＿＿＿＿＿＿＿＿＿＿＿

您通常以何種方式購書？

　　　□ 1. 書店 □ 2. 網路 □ 3. 傳真訂購 □ 4. 郵局劃撥 □ 5. 其他＿＿＿＿

您喜歡閱讀那些類別的書籍？

　　　□ 1. 財經商業 □ 2. 自然科學 □ 3. 歷史 □ 4. 法律 □ 5. 文學

　　　□ 6. 休閒旅遊 □ 7. 小說 □ 8. 人物傳記 □ 9. 生活、勵志 □ 10. 其他

對我們的建議：＿＿＿＿＿＿＿＿＿＿＿＿＿＿＿＿＿＿＿＿

＿＿＿＿＿＿＿＿＿＿＿＿＿＿＿＿＿＿＿＿＿＿＿＿＿＿＿＿

＿＿＿＿＿＿＿＿＿＿＿＿＿＿＿＿＿＿＿＿＿＿＿＿＿＿＿＿